守護霊リーディング

小沢一郎の本心に迫る

大川隆法
RYUHO OKAWA

まえがき

あるいは、これが政治家・「小沢一郎の最後の戦い」になるのかもしれないと思い、緊急に本人の守護霊リーディングというべきか、あるいは守護霊インタヴューというべきか、本心に迫ってみた。

おそらく信仰心のない人ではあるまい。しかし、今世《こんぜ》でも、「悪とは何か」を巡《めぐ》ってのカルマの闘《たたか》いは続いているようだ。本心の判《わか》りにくい人ではあるが、折々に本音《ほんね》がはっきりと感じとれる瞬間もあった。

日本の将来を占うにあたって、ぜひ政界、マスコミ関係者各位にもお読み頂きたい一書である。

二〇一〇年　八月二十七日

幸福実現党創立者兼党名誉総裁《こうふくじつげんとうそうりつしゃけんとうめいよそうさい》

大川隆法《おおかわりゅうほう》

小沢一郎の本心に迫る　目次

まえがき　1

小沢一郎の本心に迫《せま》る

――守護霊リーディング――

二〇一〇年八月二十七日　小沢一郎守護霊の霊示

1　小沢一郎氏の実像をあぶり出す　13
幸福実現党の新党首への〝アドバイス〟　18
2　民主党の代表選出馬への思い　18
代表選にはマスコミの論調や国民世論《せろん》が影響《えいきょう》する　26
「カネ」の問題ではなく、国家予算を動かす力量を問うてほしい　29

菅《かん》や仙谷《せんごく》よりも信仰心《しんこうしん》の篤《あつ》いことが強力なポイントだ　32
従来の中国観を「一生の不覚」と思って深く反省している　34
「菅政権では日本は危機を迎《むか》える」と考えて出馬を決意した　36
幸福実現党が示した「見取り図」の方向で
人生最後の仕事をしたい　39
代表選で勝とうが負けようが、菅政権は確実になくなる　42

3 **小沢氏が理想とする政治家像**　45
悪魔《あくま》について、どう見ているのか　45
罪の重さの分だけ信仰も深い　51
菅氏は人を騙《だま》して善人のふりをする〝九尾《きゅうび》の狐《きつね》〟　54
大久保利通《おおくぼとしみち》や西郷隆盛《さいごうたかもり》のような政治家を目指している　60
一種の「悪の魅力《みりょく》」が権力の源泉だと見ている　63

政治には田中角栄や金丸信《かねまるしん》のような〝荒技師《あらわざし》〟が必要だ　67
幸福実現党が小沢一郎の健闘《けんとう》を祈《いの》る？　70
幸福実現党の新党首への〝最後のアドバイス〟　76

4　小沢氏の「魂《たましい》のルーツ」とは　81
岩手から「小沢一郎を首相に」という運動を　81
わしは、仏陀《ぶっだ》の庇護者《ひごしゃ》・アジャセ王である　85
「死んだあとで弔《とむら》ってもらいたい」と思っている　87
小沢一郎本人は本当に改心するのか　89

5　「小沢訪中団」は何を意図していたのか　94
わしの「親中」には、アメリカの譲歩《じょうほ》を引き出す狙《ねら》いがある　94
〝北京詣《ペキンもう》で〟は、江戸城《えどじょう》無血開城をなした西郷隆盛の気分だった　97
岩手県人は正直に本音を話してしまう？　100

6 最終的に目指しているものは何か 103
政治の原点はマキャベリの『君主論』だ 103
地元「小沢王国」に対する本音 106
日本の危機を救う「シーザー」になれるのは他にいない 111
7 マスコミに潜《ひそ》む「悪」について 114
秘書の不祥事《ふしょうじ》は、天下取りのための必要悪 114
マスコミに足りないものは「マクロ認識」 120
悪を増幅《ぞうふく》させた上で倒《たお》すのが、マスコミの「常套手段《じょうとう》」 121
政治家は地獄《じごく》行きをも辞《じ》さない〝人柱《ひとばしら》〟 123
8 小沢一郎氏の「本心」とは 126
大勢の人を動かす力を持った天性の政治家 126
小沢政権になれば、幸福の科学を護《まも》り、幸福実現党の政策をとる 129

「保守の二大政党制による憲法改正」が本心　133
幸福の科学と幸福実現党による小沢支持を希望する　137

9　「私は大川隆法を信じている」　141

10　中国に対する考え方　147
日本を独立させる「浮力《ふりょく》」として中国を使おうとした　147
北朝鮮《きたちょうせん》は中国との同盟を強化して延命を図《はか》ろうとしている　151
日本に「踏《ふ》み絵」が迫ってきている　155

11　二大政党制の真の狙い　159
「戦時独裁首相」をしようとしている　159
菅政権を潰《つぶ》したあと「政界大再編」を仕掛《しか》ける　164
危機管理内閣で「防衛強化」と「経済成長」を目指す　166

12　「壊《こわ》し屋」と言われる本当の理由　171

過去世《かこぜ》から繰《く》り返している「親殺し」のカルマ　171
菅や仙谷と組んだのは「数を集める」ためだけ　178
「小沢一郎政治塾《じゅく》」での米英に関する発言の真意　181

13　「小沢一郎待望論」は本物か　186
今やるべきことは田中角栄的政策　186
今回の出馬は「時代の要請《ようせい》」だと考えている　188

14　本人が幸福の科学に帰依《きえ》する可能性　194
今、地獄に堕《お》ちたときの〝保険〟をかけている　194
神から「悪人を演じる役割」を与《あた》えられている？　197

15　政界再編の見通しについて　201
代表選に向けて、繰り返し宣伝しておきたいこと　201
年内に菅政権はなくなる　206

わしは「仏の救済力」を待っている　209
16　**小沢一郎守護霊、大いにほえる**　214
17　**一石を投じて、今後どうなるかを見てみたい**　222
あとがき　226

小沢一郎の本心に迫《せま》る

――守護霊リーディング――

二〇一〇年八月二十七日　小沢一郎守護霊の霊示

小沢一郎《おざわいちろう》（一九四二〜）

民主党の衆議院議員（岩手4区選出）。当初は自民党に所属し、四十七歳《さい》で幹事長に就任したが、やがて離党《りとう》し、新生党を結成した。その後、新進党党首、自由党党首、民主党代表を歴任、その政治手法から「剛腕《ごうわん》」「壊《こわ》し屋《や》」との異名を持つ。鳩山《はとやま》政権下では民主党の幹事長を務めた。過去世《かこぜ》の一つは古代インドのマガダ国王アジャセであり、仏陀《ぶっだ》に帰依《きえ》していた。直前世《ちょくぜんせ》は戦国武将の伊達政宗《だてまさむね》。

質問者

立木秀学《ついきしゅうがく》（幸福実現党党首）

松島弘典《まつしまひろのり》（幸福実現党幹事長）

里村英一《さとむらえいいち》（「ザ・リバティ」編集長）

［役職は収録時点のもの］

1　小沢一郎氏の実像をあぶり出す

大川隆法　本日は、アメリカの大統領だった「リンカンとの対話」を英語で収録する予定だったのですが、急遽《きゅうきょ》、テーマを変え、小沢一郎氏の守護霊《しゅごれい》［注］を招《しょう》霊《れい》したいと思います。

昨日、民主党の小沢一郎氏が「代表選に出る」という決意表明をなされたので、それを黙《だま》って見ているのは、「機を見るに敏《びん》」な幸福の科学としては緩《ゆる》すぎると感じます。

過去、民主党からは、鳩山由紀夫《はとやまゆきお》氏の守護霊、菅直人《かんなおと》氏の守護霊、仙谷由人《せんごくよしと》氏の守護霊に登場していただいているので（『金正日《キムジョンイル》守護霊の霊言』『国家社会主義とは何か』〔共に幸福の科学出版刊〕参照）、小沢氏の守護霊だけを出さないのは、やはりフェアではないでしょう。

小沢氏は民主党の代表選を戦われるのだろうとは思いますが、その勝敗にかかわらず、その後《ご》も、しばらくは日本の政界に大きな影響《えいきょう》を及《およ》ぼすであろうと推定されるので、この人の本心を聞きただしておくことは、大事なことではないかと思います。

マスコミの多くも、この人の本心に肉薄《にくはく》することができないでいます。マスコミから隠《かく》れていることが多い人なので、その本音を引き出せず、マスコミは、ほとんど憶測《おくそく》で記事を書いている状態だと思います。そのため、「小沢神話」というようなものが生まれているのです。

ただ、守護霊というものは、話の持っていきようによっては、けっこう語ります。うまく本音を引きずり出して、「民主党の他《た》の指導者たちと、どう違《ちが》うのか」

ということを見てみたいと思います。

小沢一郎氏は、おそらく、当会の最近の霊言集、特に「金丸信《かねまるしん》の霊言」や「田中角栄の霊言」（『民主党亡国論』『景気回復法』〔共に幸福の科学出版刊〕参照）などに、そうとう衝撃《しょうげき》を受けているであろうと推定します。

一方、「菅―仙谷ライン」に対する批判が出ていることについては、大いに共感しているのではないかと思われます。

いずれにせよ、私たちの出している本の影響をかなり受けていると推定されるので、今日は、ぜひ、その本心に肉薄し、あるいは党首討論、あるいはインタヴューというようなかたちで、実像をあぶり出していただければ幸いです。

彼は、どのようなことを考えているのか。例えば、代表選に勝って首相になったならば、どういうことをするつもりなのか。負けたときには、そのあと、政界をどういう方向へ持っていくつもりでいるのか。何か考えているはずです。

今、これを知ることは、マスコミでは、やりたくてもできないと思うので、当会が代わりにやってみようと思います。もろもろのジャーナリズムは、このあとを追いかけてくると推定します。ひとつ、今後の日本の政界を占《うらな》う意味でも、やってみたいと思うので、質問者のみなさん、よろしくお願いします。

おそらく、かなり当会の霊言を信じている人だと私は思います。

一九九一年に、私が、講演のなかで、「小沢一郎氏の直前の過去世《かこぜ》は伊達政宗《だてまさむね》である」ということを述べたので（『悟《さと》りに到《いた》る道』〔幸福の科学出版刊〕参照）、それから彼のカリスマ性が非常に増し、二十年間、彼が政界を引きずり回したところがあるような気がします。

その意味では、当会にも、多少、責任がないわけでもないので、その〝落とし前〟も含《ふく》めて、きちんと検証する必要があると思います。

［注］人間の魂《たましい》は六人の魂グループからなり、あの世に残っている「魂の兄弟」の一人が守護霊を務めている。守護霊の考え方は本人とそっくりであり、本人の利益を護《まも》ろうとする。

2　民主党の代表選出馬への思い

幸福実現党の新党首への〝アドバイス〟

大川隆法　では、呼んでみます。（質問者たちに）よろしくお願いします。

（約二十五秒間の沈黙《ちんもく》）

民主党の有力政治家、小沢一郎さんの守護霊《しゅごれい》よ。
民主党の有力政治家、小沢一郎さんの守護霊よ。
今、日本の国にとって大切な、この時期に当たって、あなたの考えるところを述べ、国民の一人ひとりに、あなたの本心を明かしたまえ。
小沢一郎さんの守護霊よ。
どうか、幸福の科学に降りたまいて、あなたの本心を明かしたまえ。忌憚《きたん》なく語りたまえ。どうぞ、包み隠《かく》すことなく、公人《こうじん》として、その本心を明かしたまえ。
よろしくお願い申し上げます。

（約二十秒間の沈黙）

小沢一郎守護霊　（強く息を吸う）フッ。ああ。決戦だ。

立木　おはようございます。

小沢一郎守護霊　ん？

立木　小沢一郎さんの守護霊でいらっしゃいますか。

小沢一郎守護霊　ああ。

立木　このたびは幸福の科学総合本部にお越《こ》しくださいまして、まことにありがとうございます。

小沢一郎守護霊　うーん。

立木　私は幸福実現党の党首の立木《ついき》秀学《しゅうがく》でございます。

小沢一郎守護霊　知らんぞ。

立木　はい。

小沢一郎守護霊　ああ、知らんぞ。

立木　私ども……。

小沢一郎守護霊　挨拶《あいさつ》がなかったな。挨拶がない、挨拶が。

立木　はい。

小沢一郎守護霊　挨拶に来なかっただろう。来たか?

立木　いいえ。

小沢一郎守護霊　来ていないだろうが。

立木　ええ。

小沢一郎守護霊　党首が替《か》わったら挨拶に来るんだ、君。それが政界の礼儀《れいぎ》なんだよ。それを知らないようじゃ、君、駄目《だめ》だ。もう落選だ、早くも。ああ。

立木　いえ、選挙はまだこれからでございますので、戦ってまいりたいと……。

小沢一郎守護霊　え？　だけど、まあ、君、仁義ぐらい切りに来るもんだよ。いちおう、政党なんだろ？　まあ、政治団体なのか、政党なのか、知らないけど、政党なら仁義を切りに来なさい、仁義を切りに。民主党が怖《こわ》いのかよ。

立木　いえいえ。

小沢一郎守護霊　怖くないんなら、ちゃんと挨拶に来なさいよ。

立木　いや、それだけの……。

小沢一郎守護霊　「小沢一郎よ、わしが党首じゃ。えい！」って名刺《めいし》を出して、わしが逃《に》げたら、わしの負けじゃ。だけど、あんたが逃げたら、あんたの負けだ。不戦敗だ。それが、この業界の〝あれ〟だからね。

立木　はい。

小沢一郎守護霊　ただ、なかなか会ってはもらえねえよな。生きている人間の小沢一郎が、あんたに会うなどということは、まあ、普通《ふつう》、ありえない。なんだかんだと言って、会いはしないけどさあ。

会いはしないけど、「小沢一郎に会いに来た」という情報は、必ず届くわな。そうすると、「立木？　うん？　もしかすると、これは〝槍《やり》の使い手〟かもしらん」と、このように思うわけだな。

　だから、君、ちょっと引っ込み思案だよ。そんなんで、僕《ぼく》を倒《たお》せると思ってるんなら、甘《あま》いぜ。

立木　まあ、〝アドバイス〟していただきましたことを、今後に生かしたいと思います。

小沢一郎守護霊　さっそく説教しなくてはいかんな。立場が逆で残念だったな。

立木　いえ。

小沢一郎守護霊　ハッハッハッハッハ。キャリアが違《ちが》う、キャリアが。

代表選にはマスコミの論調や国民世論《せろん》が影響《えいきょう》する

立木　お尋《たず》ねしたいことがございます。「今度の民主党の代表選に出馬する」という、重大な決意を表明されましたが……。

小沢一郎守護霊　ああ、菅《かん》な。〝イラ菅〟は〝要《い》らん菅〟だな。ああ。

立木　勝算については、どのようにお考えになっていますか。

小沢一郎守護霊　勝算？　まあ、硝酸《しょうさん》だか硫酸《りゅうさん》だか知らないけどさ、それは、やってみないと分からない。まだ日が残ってるので、毎日毎日、情勢は変わるだろうからな。

議員を押《お》さえる、なかだけの勝負なら、わしの勝ちさ。それなら、間違いなく、わしが勝つ。

ただ、マスコミが、国民を煽《あお》って、「反・小沢」の論陣《ろんじん》を張ってくるかどうか、これから二週間ばかりの、その論調が、ちょっと影響してくるので、まあ、勝負の行方《ゆくえ》は、今のところ定かではないな。

だから、「国民世論《せろん》が、どういう空気で動くか。誰《だれ》が火をつけて、空気をどちらへ持っていこうとするか」ということが大事になってくる。

〝これ〟だって影響力は大きいよ。あんたがた、〝これ〟を本にして出す気でいるんだろ？

立木　はい。そうです。

小沢一郎守護霊　この本は、マスコミが、小沢につくか、菅につくか、その判断をする重大な材料だと思う。これを読んで、「おっ、菅は駄目だ」と思うか、「おっ、小沢は、いい」と思うか、これは大きいな。

だから、わしも、今、最大限にサービスしておる。最大限。

立木　ありがとうございます。

小沢一郎守護霊　君なんかを粉々に砕《くだ》くのは、わけがないんだけども、最大限に紳士《しんし》として扱《あつか》おうと、今、努力に努力を重ね、口を非常に抑《おさ》えてるんだよ。分かる？

立木　ありがとうございます。

小沢一郎守護霊　うん、うん。

「カネ」の問題ではなく、国家予算を動かす力量を問うてほしい

立木　そこで、いちばん関心の的になるのが、やはり、「政治とカネ」の問題だと思います。この部分が……。

小沢一郎守護霊　君、まだ、そんな古いことを言うのか。

立木　はい。ここでマスコミが「反・小沢」の方向に国民を煽るのは、当然のことだと思います。

小沢一郎守護霊　「カネ」といったって、あんな自宅云々《うんぬん》の四億ばかりのことで、なんだか、ぐちゃぐちゃ言うとるな。「もう、いいかげんにしろ！」っていうんだよ。

国家予算をいくらだと思ってるんだよ。何十兆円だろ？　それを動かす人の力量を問わなくてはいかんものを、爪楊枝《つまようじ》の先で突《つつ》くような、そんな細かいことで、品性を考え、全部を判断するみたいな考え方は、わしは嫌《きら》いだな。

「鱗《うろこ》一枚を取れば、どんな魚《さかな》かが分かる」という考えもあろうけれども、鱗一枚では、その魚が生きてるか死んでるかなんて、分からないよ。

これは、マスコミさんが、ちょっと、あれなんじゃないかな。警察で言えば、血液鑑定《かんてい》や指紋《しもん》鑑定のようなことばかりやっているようなものだ。犯人は誰かが分からないので、指紋を採取したり、証拠品《しょうこひん》を集めたり、そんなことばかりして、犯人を推測しているような感じだな。

本人がいるんだから、本人の人物を見て、ズバッと判断しなさいよ。

まあ、（舌打ち）私は角栄先生のカルマを引いてるのかもしれないな。なんだか、自分周りの小金《こがね》で追い落とされるカルマがあるのかどうか、あんたがたに、ほんと、占《うらな》ってほしいぐらいのところが、現実にはあるよ。

あんたらが、「いや、いいですよ。もう許します。そのぐらいのお金は、小さいお金ですから、許します」と言ってくれたら、けっこう、それで、検察のほうも、「あ、そうかそうか。それは小さいお金だったんだ。宗教が言うなら、そうかなあ」と、君、思うんだよ。

だから、ちょっと、何か、たまには、わしにも有利なことを言ってくれよ（会場笑）。

菅《かん》や仙谷《せんごく》よりも信仰心《しんこうしん》の篤《あつ》いことが強力なポイントだ

立木　まあ、ただ……。

小沢一郎守護霊　民主党を、全部、批判するなんて、駄目だよ、これ。作戦的に間違ってる。

立木　いえいえ。

小沢一郎守護霊　君ね、敵と戦うとき、相手を切り崩《くず》すのが策なんだよ。だから、相手の有力将の一人を切り崩し、味方に付けて、相手を割ってしまう。これが、いちばんいい作戦なんだよ。

全部を敵に回して、どうするんだよ。勝ち目がないじゃないか。そういうばかな戦いをするんじゃない。

わしのほうがだな、菅《かん》や仙谷《せんごく》に比べれば信仰心《しんこうしん》が篤《あつ》いんだよ。これが、やはり強力なポイントなんだ、君。分かるか？

立木　はい。

小沢一郎守護霊　だから、私のほうはだな、信仰心でくすぐれば、まあ、落ちる可能性がある。「落ちる」というのは、選挙に落ちることじゃないぞ（会場笑）。いいか。私は、あんたがたのシンパに取り込むことができる可能性がある人間なんだよ。あんたがたが言ってることは半ば信じてるからさ。

だけど、敵対していては、組めないじゃないか。

従来の中国観を「一生の不覚」と思って深く反省している

立木　ただ、具体的な話になりますけれども、政策的なところを見ますと、小沢さんは、外交的には、かなり中国寄りであり……。

小沢一郎守護霊　いや、いや、それねえ、君、人間というものは変わるんだよ。変わるんだよ、それは。君、固定概念《がいねん》で考えちゃいけないよ。君らの批判、私は読んだよ。うん。そして、反省するものがあった！　心に深く反省するものがあった。考えが至らなかった。

それについては、「小沢一郎、一生の不覚」であった。そこまで考えが行《い》っていなかった。

「中国経済が大きくなっているので、今後、中国と友好を深め、日中の外交を接近させることで、日本の経済も大きくなって繁栄《はんえい》し、不況《ふきょう》も解決するものだ」と、去年の段階では考えていた。

これについては私の考えが至らなかった。深く反省する。中国自体が間違いだとか、中国とは付き合うべきではないとか、そういう考えまでは私はとらない。

しかし、「日米安保など、米国との関係を堅持《けんじ》しなければ、この国が危ない」ということに関して、明確な方針を出したり判断をしたりしていなかった。このことに対しては、今、君たちの言論を読んで、私は深く反省をしているところだ。

これが鳩山《はとやま》政権時代の失政の一つであった。これは舵取《かじと》りを誤った。だから、君らが言ってることは正しい。そのとおりだった。だから、いい仕事を君らはしてくれた。尊い犠牲《ぎせい》の下《もと》に、いい仕事を、ずいぶんやってくれた。確かに、君らの言うことは正しかった。

君らは日本を救おうとした。それで、ああいうことを言った。

今、まさしく、「結局、アメリカと中国の両方と、同じような対等の付き合いはできない」ということが明らかになってきた。アメリカ側につくか、中国につくか、もう、二者択一《にしゃたくいつ》を迫《せま》られてきつつある。どちらを取るかだね。そうすると、曖昧《あいまい》な態度をとれなくなるし、決断を下さなくてはいけない。

「菅政権では日本は危機を迎《むか》える」と考えて出馬を決意した

私が、今、立候補というか、代表選に出ようとしたのは、やはり、君らの言ってることが基本的には正しいと考えたからだ。

私は、今まで、君らが出してきたものを、ずうっと見てきた。金丸《かねまる》先生や田中角栄先生その他《た》、いろいろな方《かた》の霊言が、たくさん出てるよね。それらを、いろいろと見て、それから、菅や小沢本人への批判を見て、君らの言っていることが正論だということを、だんだん、ほぼ確信するようになってきた。

だから、「今のまま、菅の政権を置いておけば、この国が植民地になる」と、あなたがたが言っているのは、正しいのではないかと、私は感じるに至ったので、「これは、やはり、倒さなくてはいけない」と考えた。

菅は、先の選挙で負けたにもかかわらず、のうのうと、無策のままで、居座り続けようとしておるが、こんなことであってはいけない。

私は、中国と外交で友好を深めようとしたけれども、「日本が危機になる」ということであれば、変心します。それは、政治家として当然のことです。

もともと、私は、「日本は、きちんと自主防衛をすべきだ」という、憲法改正論者《ろんしゃ》であったんです。今、「変節漢」と言われているかもしれないけど、もともとの意図は、そういうものだったわけです。ただ、力及《およ》ばず、そうはならないでいます。

私が二大政党制をつくった、本当の理由は、どこにあるか。やはり、保守の二大政党をつくらなければ、憲法改正はできないからです。

三分の二以上の多数派形成ができなければ憲法改正できないので、いちおう、そういう大きなシナリオの下《もと》で、二大政党制を私はつくったんだけれども、その二大政党の政争のなかに埋《うず》もれてしまって、自分の本意が遂《と》げられないでいるわけだね。

今、私が代表選に出ようとしているのは、日本が、あなたがたの言うような危機を迎《むか》えるのであれば、憲法改正も視野に含《ふく》めて、やはり、自国の防衛を立ち上げなければいけないからだ。

「それだったら、私が総理をするしかない」と考えているわけであって、「菅のところがブチ切れても構わないので、自民と連立してでも、やはり、防衛体制をつくらなくてはいけない」と思ってるんですよ。

だから、応援《おうえん》してよ！　そのために出てきたんだよ。

幸福実現党が示した「見取り図」の方向で人生最後の仕事をしたい

立木　ただ、あなたの民主党内での支持基盤《きばん》を見ますと、旧社会党系とか、旧民社党系とか、左翼《さよく》の人たちもかなり多くいるので、今おっしゃったことが本当に実現できるのかどうか、やや疑問な部分もあります。

小沢一郎守護霊　まあ、私は日本一の悪者だからさあ。悪役だから、できるんだよ。鳩山みたいに善人ぶったら、できないんだけど、悪役だからさ、やるときには、やるんだよ。

悪役を立てたら、最後は、そうなる。悪役を立てた人は不幸な運命になるんだ。あ、君らは別に違うよ。不幸にならないよ。

ただ、一般《いっぱん》には、悪役を支持した人は一緒《いっしょ》に滅《ほろ》びるのさ。だから、わしの支持グループ、すでにあるグループには滅びていただく。

それで、私は構わない。そのつもりでいる。滅びてもいい。心境は西郷《さいごう》と同じだ。心境は西郷なんだよ。だから、「自分が滅びてもいいし、自分の仲間が滅びてもいいから、やはり、きちんと大志は貫《つらぬ》きたい」という気持ちを持っている。

「この国の将来の見通し」のところの問題が大きかったので、これについて、「見取り図」がどうなるかが知りたかったんだけど、あなたがたが見取り図を出してくれたので、やるべきことは見えてきたよ。うん。

防衛を固めることと、未来産業のところだな。田中角栄さんを何倍かにしたような、スケールの大きい、日本列島と世界の改造計画だろ？　「ここへ持っていけ」と言うんだろ？　だから、見取り図は見えたよ。「その方向でやらなくてはいけない」と思った。

でも、菅や仙谷では駄目だよ。考え方から見て、そちらには絶対に行かないからね。

言っておくけど、私は「全共闘《ぜんきょうとう》」ではないし、二十年も前に、総理になろうと思えば、なれた人間だからね。自民党の幹事長のときに、「次の総理になれ」と言われたけど、「若すぎる」と言って、お断りし、逃げたために、二十年も遠回りをした。まあ、そういう意味で、とろい男ではあるけどね。

今、「人生最後の仕事をやらなくてはいかん」と思っている。「この国を、きちんとした軌道《きどう》に乗せることは、私の最後の仕事だ」と思っているので、悪役で構わないから、「きちんと路線を正したい」と思っている。

まあ、いろいろと、ついてるものはあるけど、「民主党という政党を、そのまま維持《いじ》する」という場合は、それら支持グループのご機嫌《きげん》も多少は取らないといかんところはあるけどね。

ただ、「最後には、民主党の一部は吹《ふ》っ飛んでも構わない」と、考えている。今、「国の次の体制をつくるための大連合をつくらなくてはいけない」と考えているので、私は、そういう、邪魔《じゃま》になるものは容赦《ようしゃ》なく切ります。

代表選で勝とうが負けようが、菅政権は確実になくなる

立木　それは、代表選で勝利し、代表に就任された場合でしょうか。

小沢一郎守護霊　勝利しようが、しまいが、やりますよ。どっちみち、やるつもりでいるんです。

立木　では、負ければ負けたで、そういう……。

小沢一郎守護霊　私が負けたら、民主党分裂《ぶんれつ》だよ。当然だよ。私を負かして、それで、民主党が最大政党として与党《よとう》を取れると思っているなら、大間違いだ。最大の〝祟《たた》り神《がみ》〟として暴れますよ。当たり前でしょ？菅に総理なんか続けさせるもんか。菅が代表選で勝ったとしても、一カ月以内に倒しますよ。私が民主党を分裂させて独立したら、民主党の政権なんか、すぐに一発で潰《つぶ》れます。ええ。潰しますよ。復讐《ふくしゅう》は激しいですよ。

だから、事前に、徹底的《てっていてき》に脅《おど》しまくります。「勝ったところで、どうせ、あんたの総理は終わりだから」ということで、はっきりと脅します。

「いいですよ。勝つなら、どうぞ、お勝ちください、世論《せろん》を味方にして。ただ、私は民主党をぶっ壊《こわ》しますから、あなたの総理は消えますけど、それでよければ、どうぞ」ということで、「降りるなら、早く降りてください」と、最後まで、いちおうは迫るつもりでおります。

私が負けた場合は、保守勢力と大連立を組みます。だから、代表選で勝とうが負けようが、いずれにしても、菅政権はなくなります。これだけは確実です。

立木　分かりました。そうしますと……。

小沢一郎守護霊　私が勝った場合にのみ、民主党政権というかたちは、一部、残りますが、これも、今言ったように、変質する可能性はあります。

立木　分かりました。

3　小沢氏が理想とする政治家像

悪魔《あくま》について、どう見ているのか

立木　多少、失礼に当たることかもしれませんけれども……。

小沢一郎守護霊　君が失礼なことを言おうとしてるのを感じるよ。

立木　大川隆法総裁から、小沢一郎さんについて、多少、下《した》のほうといいますか……。

小沢一郎守護霊　下のほう？　「下」って何？　君、「下」って何？

立木　「悪魔《あくま》の影響《えいきょう》を受けている」と、ご指摘《してき》をいただいているのです（『死んでから困らない生き方』〔幸福の科学出版刊〕第2章参照）。

この点に関しては、どうご覧になっていますでしょうか。

小沢一郎守護霊　それは、君ねえ、政界には悪魔しかいないんだよ。何を言ってるんだ（会場笑）。天使がいると思ってるのか。君、ばかなことを言うんじゃないよ。

立木　いえいえ、やはり、私どもは天使の政治を目指したいと思っております。

小沢一郎守護霊　政界は、悪魔の巣、ないしは悪霊《あくりょう》の集団だよ。そして、悪霊の集団のなかでリーダーをするのは悪魔しかいないんだよ、君。だから、悪魔が、みな、だいたい、党首とか大臣とかをやっているのさ。

天使が、あんなところに住んでるわけがないだろうが。

立木　いえ（苦笑）。

小沢一郎守護霊　君も、これから悪魔になるんだよ（会場笑）、当選した場合な。

立木　いえいえ、私は神政政治で……。

小沢一郎守護霊　当選しない場合は、悪魔になれないから、残念だな。

立木　いえいえ、いえいえ。

小沢一郎守護霊　まあ、それは残念だけど、当選したら、悪魔への道を順番に歩んでいけるわ。

立木　それは、ちょっと……。

小沢一郎守護霊　いや、二十年もやったら、十分《じゅうぶん》、悪魔になれるよ。政界で二十年やってごらんよ、悪魔になれるから。

立木　いえいえ。

小沢一郎守護霊　最初からは、ならないんだけどね。最初は〝おぼこい〟んだけどさ、二十年ぐらいやったら、もう、考え方が完全に悪魔になっていくんだ。悪魔と同じだよ。そっくりになってくるから。誰《だれ》もが、勝つためには手段を選ばなくなるから、悪魔とそっくりになってくる。

だから、死んだら、みな、地獄界《じごくかい》に行くんだよ、普通《ふつう》はな。

それを知ってて、君ら、政党をつくったんじゃないの？

立木　「それでは、まずい」ということで、私どもは……。

小沢一郎守護霊　違《ちが》ったの？

立木　私どもは、「それでは、まずい」ということで、「政界を浄化《じょうか》したい」と考えたのです。

小沢一郎守護霊　天使なんか、君ねえ、焼き鳥にされちゃうよ、ほんとに（会場笑）。

立木　いえいえ（笑）。

小沢一郎守護霊　そんな業界じゃないんだよ。

立木　いいえ。戦います。

小沢一郎守護霊　ええ？　天使は羽が生えてるんだろ？　焼き鳥ができちゃうよ、そんなもん。赤坂へんで焼鳥屋が開《ひら》けちゃう、ほんとに。ハッハ。

罪の重さの分だけ信仰《しんこう》も深い

立木　そうしますと、あなたの信仰心《しんこうしん》とは、どういったものなのでしょうか。

小沢一郎守護霊　信仰心は深いよ。それは深い。深い。

立木　それは……。

小沢一郎守護霊　だから、罪の重さの分だけ信仰も深い。

立木　（笑）

小沢一郎守護霊　罪の重さを自覚している。だから、許しは乞《こ》いたいと思っている。

私は、地獄の底のヘドロを食《は》んでるような感じが、自分でしているよ。日々、地獄のヘドロを食《く》って生きてるような感じがしている。胃袋《いぶくろ》のなかは、もう、地獄の底の沼《ぬま》のヘドロでいっぱいだ。はっきり言って、真っ黒けだと、わしは思うよ。ああ、認めるよ。

だから、救いを求めている。

したがって、人生の最後に何か「いいこと」を一つぐらいしたい。そうしたら、そのうちに〝蜘蛛《くも》の糸〟のように糸が垂れてきて、救ってくれる。わしは糸では無理かな？　まあ、ロープぐらいないと（会場笑）、やはり上がれないかもしらんけどさ。
何か一つぐらい、「小沢一郎って、意外に善人だったのかも？」という、クエスチョンを残して、この世を去りたいんだ。

立木　はい。

小沢一郎守護霊　それが、次へのあれだろ、救いの道だろうが。それをしたいので、今、サービスに出てるんじゃないか。分からない？

立木　はい。分かりました。

小沢一郎守護霊　今、君に、悪魔にならないように、きちんと進言もしているわけだ。

菅《かん》氏は人を騙《だま》して善人のふりをする〝九尾《きゅうび》の狐《きつね》〟

立木　ありがとうございます。

ただ、そういうサービスも、ひょっとすると、何かのポーズということではないのですか。実は、もう少し違う考えを、本音ではお持ちだということはないでしょうか。

小沢一郎守護霊　本音？　わしの本音を探るのは、あとで質問する、あのデプッとしたやつ（里村《さとむら》）だろう（会場笑）。あれが待ち構えてるから、そいつに取っておいてやらないといかん。

君ら（立木《ついき》と松島《まつしま》）には、そこを探れる力がないだろう？　君らは、ストレートな、まっとうな、まじめな人間だから、わしの本音なんか探れるわけがないだろう？　あの「狸《たぬき》おやじ」のようなのがいるから（会場笑）、「あれに罠《わな》をかけられるかどうかが勝負だな」と、今日は思ってるんだ。

あれにやられたやつが、だいぶいるらしい。あれのうまい口に乗せられて、やられたのが、何人かいて、向こう（霊界）で「しまった！」と言ってるようなんでな（会場笑）。

だから、君らあたりには、そう簡単に本音をえぐられてたまるかと思っているけどね。ハハハ、ハハハハハ。

難しいだろう、政界は。

立木　はい。承知しました。

小沢一郎守護霊　本音で話なんかしないんだよ、だいたい。暗示を与《あた》える。遠回しに言う。ほのめかす。感じ取らせる。そして、その結論に責任を負わない。

相手は、感じ取って、「まあ、こういう考えだろう」と思って実行するが、それが間違ってた場合には、やった人が責任を取るようになっている。だから、指示は出さないんだ。

政界というところは、親分になってくると、ゴッドファーザーのようなものでね。大きく構えていて、なんとなく、「ふん、ふん」と言っているだけで、ほかの者が意を酌《く》んで勝手に動くんだ。そして、失敗したら、そいつの責任になるんだ。「バーン！」と撃《う》って、終わりだ。「バイバーイ」なんだな（会場笑）。

立木　そのあたりが、たぶん、国民のみなさんからすると……。

小沢一郎守護霊　国民のみなさん？

立木　ええ。なんといいますか、こう、やはり悪役イメージというか、そういうものを感じるのではないでしょうか。

小沢一郎守護霊　だからねえ、国民は勘違《かんちが》いをしてるんだよ。

悪人に見える人は正直な人なんだ。

そして、悪人に見えない人が、政治家では、本当の嘘《うそ》つきなんだ。政治家で、正義漢や正直な人に見える人は、だいたい、ものすごい嘘つきだね。

だから、悪人に見えてる人は、非常に正直な人、心が〝きれい〟な人なんだ。

（松島に）岩手県人なんかは、だいたい、そうなんじゃないか（会場笑）。

心が〝きれい〟だから、悪人に見えるんだな。素通しで見たら、悪人に見えてしまう。心が〝きれい〟だからな。透《す》き通って、底まで見えたら、「ああ、ヘドロだ」というのが見えちゃうわけだ。まあ、正直な証拠《しょうこ》だな。

普通は、ヘドロを見せないようにする。菅とか鳩山《はとやま》とか、みな、外側をきれいにコーティングっていうか、外側だけ上手に塗《ぬ》りたくり、玉虫色に見せて、善人のふりをしている。

菅なんかも、善人のふりをするのがうまいぞ。あれは、わしどころではないよ。もう、ほんと、狐《きつね》のなかの狐だよ、あれはな。騙《だま》すことのうまさは絶品だよ。マスコミも騙す。国民も騙す。おっさん、おばさんも騙す。子供も騙す。うまいよう、あれ。あいつの尻尾《しっぽ》が九本に分かれてることぐらい見破れないようでは、いかんよ。

立木　そうしますと、小沢さんが政治をなさるときには、「誠実さ」というものを全面に出すのでしょうか。

小沢一郎守護霊　誠実？　私は〝ミスター誠実〟なんだよ、君（会場笑）。

立木　（笑）

小沢一郎守護霊　〝ミスター誠実〟なんだよ、君。何を言ってるんですか。私は、全然、自分を飾《かざ》ろうとしてないから、〝ミスター誠実〟ですよ。信じていいんですよ。

大久保利通《おおくぼとしみち》や西郷隆盛《さいごうたかもり》のような政治家を目指している

立木　ただ、そのわりには、小沢さんについてきた人たちは、途中《とちゅう》で離反《りはん》することも多いように聞いております。

小沢一郎守護霊　やつらは地獄にいるのが苦しくなってきたんだろうよ。

立木　（苦笑）

小沢一郎守護霊　自分が苦しくなって、何とかしようとして、あがいてるんだろうと思うよ。地獄っちゅうのは厳しい所なんだ。

君ね、言っとくけど、政界は地獄だからね。まあ、多数派が地獄なんだから、政界は民主主義的な地獄だよ。だから、国会は地獄だよ。間違いなく八割は地獄。あとの二割は、能天気なのが、一部、いるかもしらんけどな。天使は、いないよ、普通は。

立木　「人心が離反する」という点に関して、小沢さんご自身の責任といいますか、そういうことは感じていらっしゃらないのでしょうか。

小沢一郎守護霊　人心が離反する？　うーん。まあ、離反する以前の段階として、わしには求心力があるんじゃないか。

だから、本当は、わしのことが好きでもないのに、大勢人が寄ってくるんだよ。好きでもない人を、数多く、〝強力磁石〟で、くっつけているんだよ。釘《くぎ》だの、ボルトだの、ナットだの、そのようなものが、わしの磁石に、たくさん、くっついてくるのさ。

だけど、本当は、好きで来てるわけではなくて、「くっついていれば、何か利益を食《は》める」と思って、やってきている連中なんだよ。

だから、くっついているうちに、「自分には利益が回ってこない」と思ったら、もうちょっとおいしいところを目指して、動いていく。ま、それだけのことだよ。純粋《じゅんすい》なもんじゃないな。

一部には信奉者《しんぽうしゃ》もいるかもしらんけれども、それは、おそらく権力の持つ魔力だろうね。わしが、「政治家の権力とは何か」というようなことを見せるからな。

わしは、やはり、大久保利通《おおくぼとしみち》や西郷隆盛《さいごうたかもり》のようなタイプの政治家を目指しとるからな。だから、それに対して惹《ひ》かれる者も、一部いることはいるだろうな。

一種の「悪の魅力《みりょく》」が権力の源泉だと見ている

立木　今、政治家にとっての権力というものについて語られましたけれども、小沢さんにとって、何がいちばん「権力の源泉」になっているのでしょうか。

小沢一郎守護霊　うーん。（舌打ち）まあ、そうだなあ、やはり、一種の「悪の魅力《みりょく》」だろうね。君ら的に言えば、悪の魅力だと思うな。

普通は、傍目《はため》から見た、人の気持ちとか印象とか評判とかを気にして、できないようなことでも、強引にやってのけてしまうところを、悪の魅力と、わしは言ったんだけども、そうした、悪の魅力に惹かれているだろうね。

これは、今だから「悪」であってね。戦国時代であれば、戦《いくさ》は殺し合いだから、相手を、情け容赦《ようしゃ》なく、ぶっ倒《たお》していく武将が、やはり、強い武将であって、人がそれについてくるのは当たり前なんだよ。

だけど、相手と戦うのを怖《こわ》がったり、「血が流れるから、戦うのは、やめようよ」などと言ってるようなタイプのやつは駄目《だめ》だわな。

だから、鳩山のような者が首相になれたのは、悪の魅力として、わしが懐刀《ふところがたな》をやっていたから、なれたのであって、彼だけの力では、なれやしないさ。

まあ、そういうところだろうね。

それに、政治権力の魅力というものも、やはり一部にあるからね。政治には、そういうところがあるよ。

明治維新《いしん》を起こしたのは、みな天使の仕事かというと、その後《ご》の内紛《ないふん》を見たら、そうとは限らないな。まあ、天使か天使でないかは知らんが、お互《たが》いに意見が分かれたら、やはり戦い合うだろ？　そういうところは人間世界にはあるのさ。でも、決着をつけなきゃいけないんだな。

そういうことがあるから、ある意味では、結局、この世の歴史は強い者が書いていく歴史なんだ。だから、あらゆる手段を駆使《くし》して勝たねばならんわけだよ。したがって、君らのように「負けるのを前提に戦う」という人たちには、早く退場勧告《かんこく》をしたいぐらいだ。

この前、君らも小沢に退場勧告なんかしとったようで、「早く引退しろ」と勧告していたけど、わしのほうも退場勧告したいな。

もう、何回も負けるの、やめておけよ、ほんとに。それよりは、俺《おれ》のところに票を集めるかなんかして、応援《おうえん》でもしたほうがいいよ。

立木　そうは言っても、私どもは、やはり、理想実現のために戦ってまいりたいと考えています。

小沢一郎守護霊　いや、君、天使の羽がなくなるよ。落ちるよ。

立木　いや、大丈夫《だいじょうぶ》です。

小沢一郎守護霊　いいか？

立木　この日本を天使で乗っ取りたいと思っています。

小沢一郎守護霊　悪の魅力がないと、政治では有能になれないよ。

立木　はい。一部、そういったアドバイスも、いちおう考慮《こうりょ》に入れながらも……。

小沢一郎守護霊　官僚《かんりょう》は「隠蔽《いんぺい》の魅力」で勝つんだけどさ。隠蔽能力の高い人が官僚では出世する。政治家は、やはり、悪の魅力のある者が勝つ。

立木　一部は参考としながらも、私どもは私どもの道を歩んでまいりたいと思います。

政治には田中角栄や金丸信《かねまるしん》のような〝荒技師《あらわざし》〟が必要だ

小沢一郎守護霊　善人ぶってる人たちは、みな、力がない。ほとんど力がなくて、誰かがその代役をしなければいけないのが普通だな。テレビ受けするとか、そういうことで、外向けの飾りに善人は使われて、実は、実力者として別の人がいなければ、政治ができない。

実際、政治には、ブルドーザーのように、やはり、ガンガンに山を崩《くず》していかなきゃいけないところがあるんだよ。だから、善人ぶってたら、できないところがある。

ある道を拓《ひら》こうとしたら、この世的に見れば、利害の害を受ける、要するに、損失を受ける者、被害《ひがい》を受ける者が必ず出てくるんだよ。だから、それをやるには、ある程度の「政治の悪」が要《い》る。その毒素がないと、それはできないんだ。

誰に対してもいい顔をして、バラマキのようなことをやると、いわば国家破産になるわけだよ。

まあ、多少は人気取りも要るけどね。だから、人気取り用の人が、やはり、〝顔〟としては要るんだけど、そのままでやったら潰《つぶ》れるのは、みな、分かってはいるので、〝荒技師《あらわざし》〟が必ず存在するんだね。

金丸《かねまる》先生も、そのような人だったと思うけどね。

角栄先生も、そうだったと思うんだよ。だから、ナンバーツーで、そういう悪役をしてる分には、彼は、すごく有能だったと思うよ。

だけど、いちばん上に立ったときは、やはり、矢面に立ってしまったので、攻撃《こうげき》されたな。「外為法違反《がいためほういはん》」とか、あんなことで前首相を逮捕《たいほ》するなんて、歴史上、ありえない、非常に失礼なやり方だったと、わしは思うけどね。

それは、結局、成り上がり者への嫉妬《しっと》と恨《うら》みつらみでしょ？　今までの悪の部分について、全部、責任を取らせた感じかな。

田中角栄が、君、東大法学部を出ていたら、あんなかたちでは絶対に捕《つか》まっていないよ。あんな失礼な逮捕の仕方なんか、するわけがない。

世の中における正義は、そんなに、紙に書いたような、きれいなものじゃないんだよ。ただの「怨念《おんねん》の処理」なんだ。「集合怨念の処理の仕方」が正義なので、どうやってそれを処理するかだけのことなんだよね。

そのときに、弱い者、負けに入った者は、生けにえにされるだけだ。だから、わしにも、生けにえにされる可能性はあるよ。

それはあるけど、逃《に》げ隠れしているように言われるのも、つらいからさ。まあ、最後に、ちょっと一勝負しようかな。「だいたい、これで、勝負としては終わりかな」とは思っているけど、「最後に一勝負はしてみようかな」と思っていますよ。

幸福実現党が小沢一郎の健闘《けんとう》を祈《いの》る？

立木　外からではありますけれども、ご健闘《けんとう》をお祈《いの》りしたいと思っております。はい。

小沢一郎守護霊　健闘をお祈りしたい？　そう言ったな？

立木　まあ、それは、私どもとしては……。

小沢一郎守護霊　「健闘を祈りたい」と言ったな！（会場笑）

立木　いや……。

小沢一郎守護霊　幸福実現党の党首が「小沢一郎の健闘を祈りたい」と言ったな。

立木　ただ、批判すべきところは批判します。

小沢一郎守護霊　代表選の前に出るんだな、この本は。ああ、よし！

立木　いえ、批判すべきところは批判していきます。

小沢一郎守護霊　編集部は大文字で見出しを付けておくようにね（会場笑）、今のところは。

立木　いや、言うべきことは言ってまいりますし、私どもは私どもで、理想実現のために戦ってまいります。

まあ、小沢さんには小沢さんの生き方がございますでしょうから……。

小沢一郎守護霊　君ね、だから、僕の持っているような、この「悪の魅力」がまだ足りないんだよ。もうちょっと悪いことをしなきゃ駄目なんだよ、ほんとは。もうちょっと悪いことをしなくてはいけない。

立木　いえいえ。そういう悪の誘惑《ゆうわく》には、私は……。

小沢一郎守護霊　いや、人の十人や二十人は食ったような、血をしたたらせるような（会場笑）、そういう口をしていなきゃ駄目なんだよ。そうしないと、人を黙《だま》らせることができないんだ。

実際、君ね、例えば幹事長室にいたら、全国から人が来るよ。みな、「くれ、くれ、くれ、くれ、くれ！」っていう思いの、地獄の亡者《もうじゃ》の群れだよ、ほんと。こうだよ（物乞《ご》いのように両手を差し出す）。「くれ、くれ、くれ」で、これを、君ね、全部、聴《き》いてたら、国家はタイタニック号と化して、本当に海に沈《しず》むよ。

これを、断るのではなく、憮然《ぶぜん》として無視する、踏《ふ》み潰す、踏み倒す、これが大事なんだ。断っちゃ駄目なんだよ。「そんなことはできません」なんて、ばかなことは言わないんだよ。プイッと横を向いて席を立つのさ。それで終わりだよ。そんなものなんだ。

そういうふうにして踏み潰していかなきゃならない。とてもじゃないけど、全部を聴いてはいられないのでね。

だから、普段は、コォーッと（しかめっ面をする）、怖い顔をしていて、たまに、〝いい人〟が来たときにだけ、ニコッとすりゃいい（会場笑）。まあ、それだけのことだ。

だから、君、その顔では、いけない。地獄の帝王《ていおう》になれないよ。

立木　私は、そういうものになるつもりはございません。

小沢一郎守護霊　君は飾りで、後ろにいるの（松島）が悪人か？（会場笑）

立木　幹事長がやるかもしれません（笑）。

小沢一郎守護霊　ああ、後ろに悪人が座っているなら、いいや。

立木　幹事長に交替《こうたい》……。

小沢一郎守護霊　そういう人は必要だよ。組み合わせが大事だからな、組み合わせがな。君は、その甘《あま》いマスクで人を騙すのが仕事だったら……。

立木　いえいえ、誠実さでやっていきます。

小沢一郎守護霊　で、〝人殺し〟をするのが後ろの人の役割だな。

幸福実現党の新党首への〝最後のアドバイス〟

立木　では、幹事長に交替いたします。

小沢一郎守護霊　そうか。君、大丈夫か。それで党首が務まるのか。

立木　大丈夫です。

小沢一郎守護霊　もうちょっと、しっかりしろ。

立木　しっかりやってまいります。はい。

小沢一郎守護霊　こんなもんで、あんた、日曜日のＮＨＫの番組で、わしと党首討論ができると思ってるのか。

君、一秒で殺されるぞ。

立木　いや、大丈夫です。

小沢一郎守護霊　しっかりしないと。

立木　いえいえいえ。

小沢一郎守護霊　もうちょっと毒素を吐《は》かなきゃ、毒素を。

立木　いや（笑）、毒素のないのが私どもの強みでございます（会場笑）。

小沢一郎守護霊　フグは、毒があるから、食べられないで済んでいるんだ。フグを食べるのは命懸《いのちが》けなんだからね。おいしいけど、命懸けでないと食べれないから。おいしいだけで毒がなかったら、フグなんか、何百倍、何千倍と食べられてるよ、君。やはり、毒を持ってるから、身を護れているんだよ。

立木　毒があっても、結局、食べられるわけですから、あまり関係がないですね。

小沢一郎守護霊　小さな政党は、特に毒を持っていないと、簡単に食べられちゃうからね。いいか？　だから、ちょっと毒を持っていないと駄目だよ。

立木　悪魔から見たら、われわれも〝毒〟があるように見えるかもしれません。

小沢一郎守護霊　まあ、そういうところはあるわな。

立木　頑張ってまいります。

小沢一郎守護霊　わしは悪魔ではないぞ、言っとくけど（会場笑）。

立木　はい。守護霊であることは認識しております。

小沢一郎守護霊　悪魔ではない！　今のところはな。まあ、本人が死んだら、どうなるか分からんが、わしは悪魔ではない。守護霊であるわしは悪魔ではない。まあ、悪魔のように動くことはあるけれども、悪魔ではない。あくまでも悪魔ではない！

だから、それは知っておいてほしい。

立木　はい。承知しました。

では、幹事長に替《か》わります。

4 小沢氏の「魂《たましい》のルーツ」とは

岩手から「小沢一郎を首相に」という運動を

小沢一郎守護霊　君、岩手か。

松島　はい。幸福実現党の幹事長をやっております、岩手出身の松島です。

小沢一郎守護霊　次の選挙で、わしの邪魔《じゃま》をしようと考えているか。

松島　いえいえ。先ほどのお話を聴《き》きまして……。

小沢一郎守護霊　その場合、君をいちばんに、血祭りに上げてやるからな。「岩手で小沢一郎を落としてやろう」なんて考えとるんだったら、そうはいかんぞ。

松島　まあ、母方が岩手一区で、父方が岩手三区ですけれども……。

小沢一郎守護霊　ああ、よくない、よくないな。地盤《じばん》が悪いな。君、それは生まれが悪いわ。

松島　いえいえ（笑）。

小沢一郎守護霊　「岩手に生まれた」っていうのは君の不幸だ。

松島　いえいえ。そんなことはないです。若いころから、「岩手は政治王国だ」と思っておりました。四名の総理大臣を出しておりますし、次の総理は、当時の小沢一郎自民党幹事長だと……。

小沢一郎守護霊　わしを応援《おうえん》する？

松島　いや、当時の小沢自民党幹事長ですね。本当に期待を込《こ》めておりました。

小沢一郎守護霊　君、幸福実現党の幹事長だろ？

松島　はい。

小沢一郎守護霊　それだったら、「小沢一郎を首相にしよう」っていう運動を岩手から起こせよ。そうしたら、君らの政党も大きくなる可能性がある。

松島　今日のお話を聴いて、検討したいと思っています。

小沢一郎守護霊　うん。大きくなる可能性があるよ。「小沢一郎を総理にしよう」っていう運動を岩手から起こす。そして、そうなった場合、君らだって、急に成長すると思うなあ。

松島　ええ。検討させていただきます。

小沢一郎守護霊　菅《かん》や仙谷《せんごく》よりいいよ。信仰心《しんこうしん》があるからな。

松島　はい、先ほどの話を聴いて、少しそのように思っておりました。

小沢一郎守護霊　信仰心があるからな。

松島　ええ。

小沢一郎守護霊　僕《ぼく》には信仰心がはっきりある。彼らにはない。

わしは、仏陀《ぶっだ》の庇護者《ひごしゃ》・アジャセ王である

松島　ところで、今、お話しになっている守護霊《しゅごれい》様は、伊達政宗《だてまさむね》様でございます

か？

小沢一郎守護霊　わし？

松島　ええ。

小沢一郎守護霊　何を言ってるんだよ。わしは、もっと古い。

松島　アジャセ様ですか？

小沢一郎守護霊　アジャセですよ！　君。

松島　アジャセ様ですか。分かりました。ありがとうございます。

小沢一郎守護霊　本当の「仏陀《ぶっだ》の庇護者《ひごしゃ》」ですよ。

松島　ええ。分かりました。

小沢一郎守護霊　君らを庇護するのは、私の仕事なんだよ。

松島　ありがとうございます。

「死んだあとで弔《とむら》ってもらいたい」と思っている

小沢一郎守護霊　君らの政党は、もう成り立たないので、わしゃあ、今、君らの政策を代わりにやってやろうとしとるんじゃないか。
だから、死んだら、ちゃんと墓を建てて弔《とむら》ってくれよ。そのあと、わしを菩薩《ぼさつ》か如来《にょらい》にでも上げてくれれば、ありがたい。うん。

松島　いや、もうアジャセ王も非常に……。

小沢一郎守護霊　いったん地獄《じごく》へ堕《お》ちるのは、覚悟《かくご》している。だから、そのあとで供養してくれ。その代わり、君らの主張を実現するように頑張《がんば》るから。な？

松島　ええ。検討させていただきます。

小沢一郎守護霊　うん、アジャセだよ。だけど、これは、最後に改心しただけで、生きてる間は悪人だったよ。

だから、今、最後の改心に近づいているんだよ。年が六十八にもなって、もう死ぬ間際だからさ。最後に、ちょっと改心してな、「仏縁《ぶつえん》」をつけようと、今、やってるところなんだ。仏縁をつけて、死んだあと弔ってもらおうと、狙《ねら》ってるんだよ。

高野山《こうやさん》に行っても、僧侶《そうりょ》に力がなさそうなんだよな。高野山の偉《えら》い人でも、なんか力がなさそうなんだ。あれでは、地獄に堕ちても、完全に救ってくれないよ。

大川隆法　さんなら、たぶん救えると思うよ。

小沢一郎本人は本当に改心するのか

松島　「力のある守護霊が一生懸命《いっしょうけんめい》支援しても、本人がなかなか言うことをきかない」という例も、非常に多く見ていますのでね。

小沢一郎守護霊　うーん。まあ、それは、我《が》が強いからね。そういう場合もあるわね。

松島　ええ。ですから、アジャセ王が一生懸命頑張られても、「最後の最後に、どちらに転ぶのか」という点について、まだ、見えないところがございまして……。

小沢一郎守護霊　いやあ、わしも年をとったからなあ、本当にもう、あの世づいてきてね。最近、信仰深くなっとるんだよ。「信仰深くなる」っちゅうことは、やっぱり、善人になっていったのかなあ?

松島　そうですか。

小沢一郎守護霊　うーん。善人になったのかもしらん。「自分の悪を自覚する」っていうことは、やっぱり善人になっている証拠《しょうこ》かもしらんな。

松島　いや、でも、先ほどの話を聴くと……。

小沢一郎守護霊　いやいや、もう、「自分のことを『悪人だ』と言える」っていうのは、善人かもしれないじゃないか。

松島　いや、「われわれの裏をかく」という手もあるのではないかなあと……。

小沢一郎守護霊　ハッハッハッハッハッハア。

松島　今、「本当は、どちらなのか?」と思いながら、話を聴かせていただいております。

小沢一郎守護霊　まあ、わしの味方をするなら、君らは味方だよ。わしの敵なら、君らは敵だよ。

松島　二十年前は、本当に味方しておりました。

小沢一郎守護霊　ああ、そうか。

松島　ええ。「どうして自民党を出られたのか」を、やはり、ぜひお訊《き》きしたいのですが……。

小沢一郎守護霊　それはね、正直に言やあ、金丸《かねまる》さんが逮捕《たいほ》されたから逃《に》げたのさ。

松島　でも、金丸さんにも、かわいがっていただいたのではないでしょうか。

小沢一郎守護霊　ああ。かわいがってもらったよ。だけど、私は、かわいがってもらっても、「危ない」となったら逃げるよ。はい。すまんなあ、そういう習性で。君、戦国武将は逃げ時が大事だからね。

5 「小沢訪中団」は何を意図していたのか

わしの「親中」には、アメリカの譲歩《じょうほ》を引き出す狙《ねら》いがある

松島　先ほど、「中国につくか、アメリカにつくか」という話がありましたけれども、田中角栄さんは、やはり中国寄りでしたね。

小沢一郎守護霊　うーん、いちおうね。恩師が道を拓《ひら》いたから、その路線は大事にしたいし、まあ、日中国交回復したおかげで、関係はよくなったしさ。経済的にも交流したし、お互《たが》いに影響《えいきょう》を与《あた》えて、昔に比べれば、ずいぶんよくなってると思うよ。「それ自体は悪くない」と、わしは思ってるよ。

松島　田中角栄さんは、日中関係を築かれた方で、非常に大きな仕事をされたと思っています。

そして、金丸《かねまる》さんは、北朝鮮《きたちょうせん》と、非常に大きなパイプといいますか、力強い関係を持っていらっしゃいました。

小沢一郎守護霊　君、何となく、毒素を感じるよ（会場笑）。

松島　いや、毒素ではなくて……。

小沢一郎守護霊　うーん。黒いものが、モワモワモワッと立ち込《こ》めて、もう（会場笑）……。

松島　いえいえ。今、一生懸命《いっしょうけんめい》にですね……。

小沢一郎守護霊　君、政治家の才能が少し出てき始めたな。

松島　そうですか（笑）。ありがとうございます。

小沢一郎守護霊　うん。毒素が、ちょっと出てきた。

松島　それで、北朝鮮とのパイプ役を果たされた金丸さんとの関係や、「田中角栄さんから金丸さん、そして、小沢一郎さん」という、この流れを見ると、「親米」というよりも、やはり、「親中」「親北朝鮮」ということを感じざるをえないんですね。

小沢一郎守護霊　いや、そんなことはない。わしは親米だよ。親米なんだけどね。親米なんだけども、やっぱり、米国に占領《せんりょう》された日本人の悔《くや》しさというものも、いちおうあるじゃないか。そのバランスをとるために、アメリカに対して、他の選択肢《せんたくし》があるように見せることで、つまり、中国との天秤《てんびん》にかけることで、相対的に譲歩《じょうほ》させようとしてるだけなんだよ。

〝北京詣《ペキンもう》で〟は、江戸城《えどじょう》無血開城をなした西郷隆盛《さいごうたかもり》の気分だった

松島　ええ。小沢さんの訪中だけであれば、確かに両天秤ですんだかもしれませんが、鳩山《はとやま》さんが、それに輪をかけて……。

小沢一郎守護霊　うん。あれは、ばかだからな。もう、どうしようもない。もう、ほんとに〝天然〟だから。

松島　ええ（笑）。でも、それを、民主党のトップツーがダブルでやれば、やはりアメリカからは、「日本は、もう親米から親中に大きく舵取《かじと》りをした」と思われてしまうのではないでしょうか。

小沢一郎守護霊　君に正当に理解してもらえないのは、僕《ぼく》は寂《さび》しいなあ。僕が〝北京詣《ペキンもう》で〟をしたことを、そう悪く言うけどさ。僕は、江戸城《えどじょう》無血開城に向かった、西郷隆盛《さいごうたかもり》の気分で行ったんだけどなあ。

松島　ああ、そうですか。

小沢一郎守護霊　分かってくれないかなあ。

まあ、現与党《よとう》の幹事長だったわし（訪中当時）が、事実上は、日本の首相だよなあ。鳩山なんて、あんなの飾《かざ》りだからさ。〝鳩のシャッポ（帽子《ぼうし》）〟だよな。

だから、わしが、日本の国会議員団を連れていって、向こうのトップと会い、そして、写真も撮《と》ってくるということで、もう〝江戸城無血開城〟したつもりだったんだよ。

松島　いや、ですからね、小沢さんが中国に行っただけならまだしも、鳩山さんの対応と、小沢さんの対応の二つが……。

小沢一郎守護霊　あれは、ばかだ。あれは、ばかだから、しょうがないんだよ。

あれは、ばかだから、しょうがない。コントロールを利《き》かせなきゃ、何にもできないし、判断もできない。母親がいなければ、私がやらなきゃしょうがないんだ。

岩手県人は正直に本音を話してしまう？

松島　あと、やはり、韓国《かんこく》や中国を訪問されているときの発言のなかで、天皇を軽んじるお言葉とか……。

小沢一郎守護霊　まあ、はっきり言って、わしのほうが、天皇より力があるからなあ。

松島　そういう言葉とか、日本国民や日本の若者を辱《はずかし》めるような言葉とかを、非常に多くおっしゃられたように思います。

小沢一郎守護霊　それはね、やっぱり、岩手県人の文化的な後れだよ。まあ、お互い反省しよう。

松島　いやいや。岩手県人だからということではなくて、日本国民に対しての、そういう発言が、非常に大きく取り上げられたと思うのですが……。

小沢一郎守護霊　まあ、それは、〝かっぺ〟だからね。洗練度がちょっと落ちるので、ついつい本音が出てしまうだけなんだよ。な？
天皇陛下を輔弼《ほひつ》するのが内閣の仕事で、内閣の長は、総理大臣だけども、総理大臣が〝鳩ぽっぽ〟だろ？　〝鳩ぽっぽ〟は力がないので、幹事長が力を持っている。ということは、「幹事長が天皇を動かせる」と、まあ、論理的には、そういうことだよな。
だから、岩手県人は、正直にそれを言ってしまうというか、見せてしまうから損しているのであって、もうちょっと都会人風に嘘《うそ》をつくのがうまければ、ちゃんと乗り切れるんだけどね。
だから、お互い気をつけようなあ。地獄《じごく》へは、ほんとに、すぐ転落する可能性があるからなあ。

松島　岩手県人を通り越《こ》して、ルーツがもう一つ、北朝鮮なり韓国なり、あちらのほうにあるのではないかと……。

小沢一郎守護霊　いや、そんなことはないよ。

6　最終的に目指しているものは何か

政治の原点はマキャベリの『君主論』だ

小沢一郎守護霊　まあ、金日成《きんにっせい》、金正日《キムジョンイル》のような、ああいう独裁者に惹《ひ》かれる気《き》は、ちょっとあるけどな。「やってみたい」っていう気はちょっとあるけど、日本では、なかなかさせてはくれない。

ローマ人の歴史を書いた塩野七生《しおのななみ》か？　あれが、最近、「独裁者・小沢の登場を心待ちにしている」というようなことを書いてくれて、何だかうれしくってね。「やっと本音を言ってくれる人が出た。世の中には正直な人がいるもんだなあ」と思ってさ。

松島　もちろん、今でも、「小沢一郎待望論」というのは、一部にございます。

小沢一郎守護霊　そら、そうだよ。

松島　ええ。

小沢一郎守護霊　そらあ、やっぱりねえ、大変ですよ。

日本がリーダーシップをとるためには、強いリーダーがいなきゃいけないんだ。そのリーダーのなかに、やっぱり、〝悪の要素〟っていうか、〝毒素〟を含《ふく》んでいないと、怖《こわ》がらないよな。

政治学の原点はマキャベリの『君主論』でしょう。ねえ。「君主は、国民に慕《した》われるよりも、恐《おそ》れられよ」というのが、マキャベリ先生の教えだよな。

わしは、それを忠実に実行してるだけだよ。恐れられたほうがいいんだ。国の舵取《かじと》りをするには、ちょっと恐ろしいぐらいの人のほうが、実は、いいんだよ。

松島　その結果、「どちらのほうに、日本を導こうとしているのか」ということが……。

小沢一郎守護霊　でも、わしの顔より、君の顔のほうが怖いかもしれないよ（会場笑）。ん？

松島　いや（苦笑）、そんなことはないと思いますけれども。

小沢一郎守護霊　いや、怖いよ、その顔は。岩手県人としては、かなり怖いほうの顔だ（会場笑）。

地元「小沢王国」に対する本音

松島　今年、岩手県を回らせていただいて、小沢さんの影響力《えいきょうりょく》の大きさを、非常に強く感じました。

小沢一郎守護霊　そうだよ。帝王《ていおう》だからね。だから、「日本の帝王になりたいなあ」と思ってるよ。うん。

松島　そのなかで、非常に気になった言葉が二つございました。一つは、「小沢さんから仕事を頂いている」と言う方がいらっしゃったんですけれども……。

小沢一郎守護霊　ああ、そりゃあ、恩を施《ほどこ》してるんだよ。

松島　ええ。それぐらいなら、まだ、「なるほどな」と思うんですけれども、「小沢先生がいなかったら、生きていけない」とまで言う方がいらっしゃったんですね。

小沢一郎守護霊　おお、それは、もう、神のような存在だな。

松島　ただ、それは、「非常に怖い存在ではないか」という危惧《きぐ》もございます。

小沢一郎守護霊　なんで怖いんだよ。それは、神仏《かみほとけ》じゃないか。

何を言ってるんだよ。

松島　いや、そうではなくて、やはり、「自立して生きていけるように人々を導くのが、素晴《すば》らしい為政者《いせいしゃ》なのではないか」と思うのです。

小沢一郎守護霊　いや、それは、全国規模でやったら、「バラマキだ」と思うんだよ。でも、岩手県だけだったら、バラマキじゃないんだよ。それは、私の権力の基盤《きばん》を固めるだけのことなんだ。

だから、全国でそれをやったら駄目《だめ》だよ。全国でやったら、鳩山化《はとやまか》して、おかしくなる。鳩山や菅《かん》みたいになってしまうけども、岩手県だけだったら、小さいから、まあいいんだよ。

岩手県を豊かにするのは大事なことだ。そうしたら、私の安定政権が出来上がる。ね？　それだけはいいんだよ。あとの県は、ほどほどでいいんだ。うん。まあいいんだよ。受かったり落ちたりしたら……。

松島　でも、岩手県は豊かにはなっていないですよね。

小沢一郎守護霊　え？

松島　「岩手県は、実際に、豊かにはなっていない」と思うのですけれども。

小沢一郎守護霊　うーん。まあねえ。

松島　県民も、そういう発想でいれば、豊かになることはなくて、いつまでも

〝お上頼《かみだよ》り〟になるのではないですか。

小沢一郎守護霊　うーん。まあ、そう言ったってさあ、県民性が落ちるからしょうがないじゃないか。豊かになったって、中身がねえんだからさあ。学力がないし、やる気もないんだから、金をもらうしか能がねえんだよ。君、しょうがないだろ？

鯉《こい》だって餌《えさ》が欲しくて寄ってくるんだよ。「餌ぐらい、自分で探せ」って言いたくなるけどさあ。餌は見つからないんだよ。

松島　そのような本音を言ったら、今度は、岩手県の支持も落ちてしまうと思いますが……。

小沢一郎守護霊　落ちちゃうか？　ああ、そうか。それはいかんなあ。だけど、鯉は、餌をやってたら、ポンポンと手を叩《たた》きゃ寄ってくるんだよ。だから、そういうふうにしつけるのがいちばん簡単なんだよな。まあ、鯉みたいなもんなんだよ。うん。

わし、なんか、まずいことを言ってるのかなあ（会場笑）。「守護霊《しゅごれい》」っていうのは、ちょっとこの世に疎《うと》いところがあってねえ、ついつい本音が出るんだよ。それが世間受けするかどうか、ちょっと分からない。

本人は寡黙《かもく》なのに、なんで、こんなに饒舌《じょうぜつ》なんだろう？　しゃべらされてるのかな、これ。

日本の危機を救う「シーザー」になれるのは他にいない

松島　いや。ご本人が、あまりにも寡黙なので、「何を考えているのか」「日本をどちらの方向に導こうとしているのか」ということが分からないのです。

先ほど、「変心する」と言われましたが……。


小沢一郎守護霊　だから、私は、今、塩野七生の言う「シーザー」になろうと思ってるんだよ。「日本のシーザーになろう」と思ってるんだ。

今、中国の危機、北朝鮮《きたちょうせん》の危機、それから、アメリカに翻弄《ほんろう》される危機、このような危機から日本を救える強い指導者が必要なんだろ?

それは、やっぱり、一種の悪役だよ。その悪役になれるのは、今、日本を見渡《みわた》して、私しかいないよ。

あとは、みんな、善人ぶって票を取ろうとするやつばっかりだ。悪役でも票が取れるのは、今、私しかいないんだよ。

松島　悪役なら、いいんですけれども、「悪人だったら困るな」と思って……。

小沢一郎守護霊　悪人と悪役で言えば、悪役だよ。悪人じゃない。私は信仰心《しんこうしん》が深いから大丈夫《だいじょうぶ》だ。

7　マスコミに潜《ひそ》む「悪」について

秘書の不祥事《ふしょうじ》は、天下取りのための必要悪

松島　少し話は変わりますが、去年、西松建設事件で、小沢さんの秘書が一人逮《たい》捕《ほ》されましたね。

小沢一郎守護霊　君も、また、小さいことを言うなあ。

松島　いや、小さいことではなくて、今年、また、秘書が三人逮捕されています。

小沢一郎守護霊　わずか三人じゃないかあ。

松島　わずか三人（苦笑）。いやいや、金額とか何とかの問題以前に、普通《ふつう》の会社でも、係長などが、三、四人、業務上の問題で逮捕されたら、社長は、当然、辞任します。

小沢一郎守護霊　いやあ、君、そんなことを言ってたら、自分らにブーメランで返ってくるぞ。それは、やがて返ってくるわ。

だいたいだなあ、殿《との》が天下を取ろうとするときには、まあ、家老の三人や四人、切腹しなきゃいかんものなんだよ。そんなことは当たり前だ、君。

やっぱり、戦《いくさ》で負けることは、いろいろあるわけだよね。昔だったら、首を取られるんだ。それは、「見殺し」っていうことだって、あるよ。

例えば、「あそこを護《まも》りに行かないと、落とされるなあ」と思っていた所に、三万人の敵軍が攻《せ》めてきたとする。「千人で護ってます。早く救援《きゅうえん》を送ってください」って言ってくる。でも、「救援を送ったら、こちらのほうも手薄《てうす》になって負けてしまう」というような状態だったら、見殺しにするわな。
そういう役が、その秘書だよ。まあ、しかたないよ。

松島　戦なら分かるんですけれども……。

小沢一郎守護霊　戦なんだよ。

松島　いや、それは、戦ではないと思うんです。

小沢一郎守護霊　戦なんだよ。

君らは、軍資金で今、困ってるんだろうけど、そういう人がいないから、選挙で勝てないんだよ。やっぱり、そういう悪人が、陰《かげ》で活躍《かつやく》して、いざというときにはクビを差し出さなきゃいけないんだ。

だから、君が逮捕されるつもりだったら、君らの政党は、もうちょっと躍進するんだよ。ほんとは幹事長が〝悪さ〟をしないと、やっぱり駄目《だめ》なんだ。党首を勝たせることができないんだよ。いいかい？

君、そんなことを言うのは、自分の首を縛《しば》り首にするようなもんだよ。

松島　いや、まあ、しょうがないと思います。

小沢一郎守護霊　しょうがない？

松島　ええ。

小沢一郎守護霊　じゃ、早めに辞《や》めるか。

松島　一緒《いっしょ》に辞めませんか。

小沢一郎守護霊　引退するか。

松島　一緒に引退しませんか。

小沢一郎守護霊　私は、もう一暴れしたら、だいたい終わりだから、いいけど。

君はまだ、もう一回、アフリカかどこかに帰るのか？（会場笑）
君、アフリカ人になっちゃうな。

松島　いや、小沢さんと刺《さ》し違《ちが》えたら本望です。

小沢一郎守護霊　ああ。もう、前世《ぜんせ》はアフリカ人と違うか？

松島　いや、違います（笑）。

小沢一郎守護霊　〝先進国〟岩手に生まれ変わって、よかったじゃないか。

松島　ええ。

マスコミに足りないものは「マクロ認識」

小沢一郎守護霊　まあ、君ねえ、マスコミのやつらは、ちっこいところばかり、ほじくってくるけど、やっぱり、「マクロ認識」っちゅうかな、全体観が足りないんだな。

今、君らは、「市民運動家上がりだから、菅《かん》は、国家経営ができない」って批判してるけど、マスコミにも同じようなところがあって、そういうトカゲの尻尾《しっぽ》を捕《つか》まえて、ギャーギャー言ったり、トカゲの尻尾をウニャウニャッて引っ張ったりするところがあるから、やっぱり、頭のほうを考えてもらいたいんだよなあ。

「大胆《だいたん》に発想して、大胆にぶち切る。病巣《びょうそう》をぶち切って、人を生かす」というようなことができるのは、政治家では、周りを見渡《みわた》しても、今のところ、わししかいないんだ。あとは、いないんだよ。

松島　おっしゃるとおり、「マスコミの悪」というものもあると思います。ただ、そのマスコミに対して、ある意味で、犠牲《ぎせい》にもなっておられますけれども、いちばん、毅然《きぜん》として、しっかりと対応されているのは、小沢さんだと思います。

悪を増幅《ぞうふく》させた上で倒《たお》すのが、マスコミの「常套《じょうとう》手段」

小沢一郎守護霊　うん、そう。まあ、特に、対応はしてないんだけどね（笑）。今、捕《と》り物というか、一生懸命《いっしょうけんめい》、狐《きつね》のハンターみたいに犬をけしかけて、「何とか小沢一郎を追い込《こ》んで、捕まえてやろう」っていう勢力が、一部にあるのは確かだよ。うん。面白《おもしろ》いわな、大捕り物するのは。
でも、大捕り物するには、まだ、ちょっと足りないんだよ。小沢一郎を、もう少し大きくしておいてから料理したほうが、美味《おい》しいからね。マスコミの本性から行くと、今、潰《つぶ》してしまったら、面白くないんだよ。もう一手、大化けさせて、大魔神《だいまじん》にしてから倒すのが、面白いんだよなあ。

だから、犬をけしかけつつも、狐を殺してしまわないように、今、加減はしてるんだよ。もうちょっと泳がして、大魔神みたいに暴れさせ、マスコミが、「十分飯を食えた。腹いっぱい食えた。もうそろそろ、いいかな」と思ったところで、最後に料理する。

これが、マスコミの常套《じょうとう》手段なので、マスコミの潜在的《せんざいてき》期待としては、「小沢一郎が、もう一暴れして、さんざん悪さをしてから倒したい」ということなんだな。だから、彼らにも、潜在的な「待望論」はあるんだよ。

松島　そのマスコミの性質を利用していらっしゃるということですね。

政治家は地獄《じごく》行きをも辞《じ》さない〝人柱《ひとばしら》〟

小沢一郎守護霊　向こうも、ほとんど地獄《じごく》行きだよ。お互《たが》い様なんだよ。お互い地獄で、もう一回落ち合うんだ。もう一回、地獄で決戦して、クビの取り合いをしなきゃいけないんだけどさ。

松島　地獄に堕《お》ちることではなくて、天国に上がることを考えられたらどうでしょうか。

小沢一郎守護霊　いや、地獄に堕ちてくれる人がいるから、天国へ行ける人がいるんだよ。

そういう悪い仕事でも、あえてやってくれる人がいるから、例えば、君みたいに〝土建屋〟をやってくれる人がいるから、そのあと、建った家で快適に住める人が出てきて、天国の気分を味わえるんだよ。

土建屋をやってごらん。三十五度の、この暑い夏の日に、家を建ててる者のことを考えてごらんよ。

松島　でも、土建屋の方は地獄に行きませんよね。

小沢一郎守護霊　でも、生き地獄だよ。三十五度の暑さのなかで、家を建ててごらんよ、君。セメントを練って、土台をつくって、柱を立てて、汗《あせ》をかいて、もう、それは地獄だぜ。

家ができれば、あとの人は、クーラーをかけて、涼《すず》しく住めて、天国行きだよ。そういう人たちが天国へ行けるために、われらが、地獄へ行くことも辞《じ》せずして、やっておるんだよ。

松島　いや、その家に住む人たちの感謝も十分来ますよね。

小沢一郎守護霊　来ない。全然、来ない。「金を払《はら》ったら終わりだ」と思ってるよ、うん。感謝は来ないね。

松島　いや、そうではないと思いますけれどもね。

小沢一郎守護霊　だから、私らは、もう、そういう〝人柱《ひとばしら》〟ですよ。君ね、「政治家」っていうのは、基本的に〝人柱〟なんですよ。

8　小沢一郎氏の「本心」とは

大勢の人を動かす力を持った天性の政治家

松島　どうして政治家を志されたのですか。まあ、お父様が政治家をやっていらっしゃいましたが、最初は弁護士のほうを目指されていたと……。

小沢一郎守護霊　私は、生まれつきの政治家なんだよ。もともと、そういう性格なんだ。

まあ、日本みたいな民主主義の国に生まれたから、選挙をやらなくちゃいけなくなっただけで、そうでなきゃ、もう、生まれつきの政治家だ。

松島　天性の政治家ということですか。

小沢一郎守護霊　国王か、帝王《ていおう》になりたい性格の……。

松島　え？　国王か、帝王ですか？

小沢一郎守護霊　帝王。

松島　帝王ですか。

小沢一郎守護霊　皇帝《こうてい》になりたいけど、まあ、選挙みたいな、うるさいものがあるので、今回は、その技術を身に付けるのが、ほんとに大変だったよ。

松島　どうして皇帝とか帝王とかになりたいんですか。権力が目的ですか。

小沢一郎守護霊　いやあ、それはもう、魂《たましい》の本性なんだよ。大勢の人を動かせる力を持ってる人は、少ないいんだよ。

その力を持ってるのは、神か悪魔《あくま》か、どちらかしかいないんだ。「選ばれたる人」なんだよ、君。

松島　でも、「神か悪魔か」というのは、非常に大きな違《ちが》いですよね。

小沢一郎守護霊　まあ、紙一重《かみひとえ》だよ。アッハッハッハ。

松島　いやいや。ぜひ、アジャセ王時代のように、目に見えるかたちで、この世的に、はっきりと……。

小沢政権になれば、幸福の科学を護《まも》り、幸福実現党の政策をとる

小沢一郎守護霊　だから、俺《おれ》が首相になったら、幸福の科学を護《まも》ってやるからさ。善政を敷《し》けるよ。フフ。

松島　非常に、心惹《こころひ》かれる提案ですね（笑）。

小沢一郎守護霊　だけど、菅《かん》や仙谷《せんごく》だったら、宗教法人法を〝改正〟されて、弾《だん》圧《あつ》される可能性は高いよ。君ら、これだけ〝悪さ〟してるからね。

松島　うーん。

小沢一郎守護霊　彼らから見たら、君らがやってることは〝悪さ〟なんだから。建物が崩《くず》れるように、一生懸命《いっしょうけんめい》、根っこを掘《ほ》ってるんだから、これは、政権を倒《たお》すための〝悪さ〟なんだよ。

彼らは、「一服、毒を盛ってやらないと気がすまない」と思ってるから、彼らの政権が盤石《ばんじゃく》になり、菅政権をあと三年もやらせたりしたら、君らは、どれだけいじめられるか、分かんねえよ。

松島　確かに。

小沢一郎守護霊　小沢政権になったら、君らを護るよ。だから、私は、まだ天国に行く可能性が残ってるんだよ。ハハハハハハ。

松島　ええ。まあ、「宗教に対して親和性がある」ということは感じます。

小沢一郎守護霊　うーん。

松島　公明党とは、どのようなかたちで、連携《れんけい》を組むおつもりですか。

小沢一郎守護霊　え？

松島　公明党とは……。

小沢一郎守護霊　公明党ねえ。まあ、だから、それは、数合わせの計算をしなきゃいけない。自民党とも話し合いをしなきゃいけないしね。あとは、「ほかの党も合わせてどうなるか」を考えなきゃいけない。

ただ、基本的には、君らの政策を全部頂くことになってるので、もう、幸福実現党は要《い》らない。実際に、要らない。

全部、君らが言ったとおりにやるからね。国防をきちっと立てて、未来産業をつくり、あと、リニアを走らせりゃいいんだろう？

その路線を敷《し》くから、君らは、もう明日《あした》にでも解散していいよ。党首も、もう、明日辞《や》めても構わない。

「保守の二大政党制による憲法改正」が本心

松島　そのためには、去年、民主党が掲げ《かか》たマニフェストの内容を、全部、反故《ほご》にしなければならないと思うのですけれども。

小沢一郎守護霊　だから、菅とか、あのへんは、もう消さないといけないね。仙谷だとか、ああいう全共闘《ぜんきょうとう》系統は、もう駄目《だめ》だわ。やっぱり駄目だね。

確かに、この国が、どんどん衰亡《すいぼう》していくだろうから、いずれ、それは民主党の責任にされるからね。

私が、本当に思っていたのは、「保守の二大政党制」なんだよ。それで、憲法改正へ持っていくのが本心だけど、それを露骨《ろこつ》に出したら、マスコミが叩《たた》きにかかってくるので出せない。それで、ちょっと左に寄ってるように見せてるんだよ。

一見、旧社会党風に見せておかないと、マスコミが二大政党の存在を許さないんだよ。彼らは、自民党のタカ派政権に対する、昔の社会党のような政党に、郷愁《きょうしゅう》があるんだよ。

だから、ちょっと、そういうふうに見せてるけど、本心は違うよ。本心は、そんなことはない。「憲法改正して、普通《ふつう》の国にする」というのが、やっぱり、わしの本心だよ。

だけど、自分一人の力ではできないので、その時期を見て、勢力のつくり具合を見て、チャンスと見たら、奇策《きさく》を用いて、一気にそこへ持っていきたい。

今、チャンスは近づいてきていると思ってるよ。それを、今、やろうとしてるところなんだけどね。

松島　インド時代のアジャセ王のご指導が、ぜひ、しっかりと本人に届くことを祈《いの》りたいと思います。

小沢一郎守護霊　だから、幸福実現党の〝弔《とむら》いの墓〟を建ててやるからさあ。塚《つか》を一つつくってやるよ。

松島　〝弔いの墓〟は結構でございます。

小沢一郎守護霊　塚に白木《しらき》を一本立てて、〝立木《ついき》党首の墓〟として祈ってやるよ（会場笑）。「無事、成仏《じょうぶつ》してくれるように」とね。

君らの遺志《いし》は、ちゃんと受け取って、二〇二〇年以降も発展していくような、日本の国をつくるからね。

松島　宗教法人幸福の科学が、母体としてありますので、大丈夫《だいじょうぶ》です。

小沢一郎守護霊　ああ、そう？　いや、もう要らない政党なんだけどなあ。もう、全部やってやるから。うちは〝パクリ政党〟と言われていて、考える人がほとんどいないからね。

よそがつくったものを、全部もらっていくのが基本的な仕事で、みんな拾い集めてるんだ。コレクターなんだよ。収集家でいいんだよ。

私がほんとに考えてるのは、「数合わせ」だけなんだ。やっぱり、憲法改正できるだけの数を合わせることが最終的な狙《ねら》いで、それで、菅だとか、あんな左翼《さよく》勢力まで、ほんとは騙《だま》くらかしてるのさ。

松島　先ほど、「誠実だ」とおっしゃってましたけれども。

小沢一郎守護霊　あんな左翼政策をとる者たちを仲間のように見せてでも、票の数を、今、つくろうとしてるんだよ。

松島　やはり、国民全部を騙して政権を取っても、「誠実だ」とは言えないと思うんですけれどもね。

幸福の科学と幸福実現党による小沢支持を希望する

小沢一郎守護霊　いや、騙しているように見えて、そうではない。でもねえ、君、中国なんちゅうのは、歴史的に見て、基本的に騙すのが仕事なんだよ。ほんとのことを言ったことなんかなくて、いつも騙してるんだ。言ってることは、基本的に全部嘘だからね。そんなのを相手にするのに、こちらだって、ある程度〝カメレオン〟しなきゃ、国を護れないじゃないか。

中国が、今、軍事拡張してるのを僕《ぼく》は知ってるよ。だけど、親中寄りのふりをしながら、静かに、知らないうちに、憲法改正に持っていけるように、あるいは、憲法改正できないまでも、国論を、そういう国防の方向に持っていけるように、水面下というか、私の頭のなかだけでは、今、ちゃんとした計算が、グーッと動いてるんだよ。

だから、任せておいて大丈夫だから、「小沢支持！」と、「幸福の科学、幸福実現党、小沢支持！」と、バッ、バッと、打ち出してくれると、いいなあ。そしたら、九月の代表選に勝てるかもね。ハッハッハッハ。

松島　はい、それでは、まことにありがとうございました。

小沢一郎守護霊　君、岩手県人なのに、情《じょう》がちょっと足りないよ（会場笑）。もうちょっと情を持とうよ。な？

松島　はい。分かりました。

小沢一郎守護霊　ええ。

松島　それでは、交替《こうたい》させていただきます。

小沢一郎守護霊　私を応援《おうえん》すれば、君だって道が開ける。大幹事長への道が開けるかもしれない。

松島　ありがとうございました。

9 「私は大川隆法を信じている」

小沢一郎守護霊　ああ、狸《たぬき》おやじが出てきた（会場笑）。

里村　いえ、いえ。

小沢一郎守護霊　この人には、失言させられないように気をつけないといけない。

里村　とんでもないです。

私は、「ザ・リバティ」編集部の里村と申します。今日は、小沢前幹事長の守《しゅ》護霊《ごれい》様に、直接、ご質問する機会をいただき、本当にありがとうございます。先ほどまでのお話を伺《うかが》っておりまして、私自身は、感銘《かんめい》を受けた部分が何カ所かございました。

小沢一郎守護霊　おお、感銘を。

里村　はい。特に、幸福の科学の大川隆法総裁の本を読んで、「今後の日本の見取り図が分かった」ということですが。

小沢一郎守護霊　うん、うん。分かった、分かった、分かった、分かった。これは、さすがだ。私は、これが欲しかったんだ。

里村　小沢前幹事長が、実際に、大川隆法総裁の降ろされた霊言《れいげん》のとおりに、幹事長を潔《いさぎよ》く辞《や》められ、そのあと、慌《あわ》てて金丸《かねまる》さんのお墓参りに行かれて、さらに、先般《せんぱん》の参議院選挙のときには、「景気をよくせずして、消費税増税などありえない」ということをおっしゃっていました。

小沢一郎守護霊　うん、そうだ、そうだ。

里村　大川総裁の霊言の影響《えいきょう》がかなり出ていると思われるのですが、そのあたりは、守護霊様の目から見て、率直に言って、いかがでございましょうか。

小沢一郎守護霊　まあ、霊言の影響と言うより、信じてるんだよ。本当は、信じてる。私だって、潜在信者《せんざいしんじゃ》なんだよ。だから、私は、大川隆法を信じてるよ、本当はね。

里村　そうですか。

小沢一郎守護霊　まあ、今、政党をつくられて、ちょっと敵みたいになったので、本当は具合が悪いんだけど、わしゃあ、信じてるよ、基本的にね。

だから、ほかの「天ぷら信者」と違《ちが》ってさあ、「天ぷら信者」っていうのは、政治家で、信者のふりをしていろんなところに所属している人のことだ。あんな仙谷《せんごく》みたいな、宗教の「し」の字も信じていないようなやつでも、いろんな宗教に顔を出して挨拶《あいさつ》してるんだよ。立正佼成会《りっしょうこうせいかい》だの何だの、いろんなところへ行って、挨拶して回っている。なんにも信じていないのに、そんなことをやってる人もいるけど、わしは、そんなのと違って、ちゃんとした信仰心《しんこうしん》を本当は持ってるんだよ。

里村　はい。

小沢一郎守護霊　「求める心」も、ちゃんと持っておるんだよ。うん。だから……。

里村　それは、アジャセ王の言葉として、信じてよろしいのでしょうか。

小沢一郎守護霊　それは信じてよろしい。信じてよろしい。私は、仏陀《ぶっだ》に帰依《きえ》しているんです。心の底から帰依しているんです。

ただ、この世はね、こういう汚《きたな》い濁世《じょくせ》だからね。汚れた世の中だから、やはり、

あなたがたのような僧侶《そうりょ》を煩《わずら》わせたくないんだよ。君らみたいな、本来、修行を
やらなきゃいけない人たちが、この世の汚いところに、豚《ぶた》のように鼻を突《つ》っ込《こ》む
のはかわいそうだから、もう、早くやめさせてやりたいんだよ。それは、私らで
やらなきゃいけない仕事だと思っているんでね。

10　中国に対する考え方

日本を独立させる「浮力《ふりょく》」として中国を使おうとした

里村　そのお言葉を、いちおう承《うけたまわ》らせていただきます。

ただ、幸福実現党という政党ができたのは、まさに、政界から、その汚《きたな》いものを取り除く力が出ていないからです。

そして、この二十年間の政治の流れを見たときに、こう言っては失礼ですが、小沢前幹事長が、日本の政治の汚い部分をつくり、混乱を生んでしまったところがあるのではないかと思うのです。

二十年前に、小沢前幹事長は、『日本改造計画』で、「普通《ふつう》の国を目指すべきだ」と述べられましたが、その「自主防衛」「自己責任の国」という理想が、百八十度変わって、国連中心主義、あるいは、日米同盟よりも中国寄りへと変化してしまいました。それが、政界に混乱を生んだ大きな原因ではないかと思うのですが、なぜ、そのように変わられたのでしょうか。

小沢一郎守護霊　いやあ、それはねえ、君らから見れば、「中国に臣下《しんか》の礼をとっている」というふうにしか取れないだろうけれども、わしは、〝寝技《ねわざ》〟を使ってるつもりでいるんだよ。

実は、中国を、〝寝技〟に引きずり込《こ》もうとしてるつもりなんだ。中国に、「日本ともっと密接な関係になったらメリットが大きいから、将来の道は、この日本に近づいていくことにあるんだ」という方向に持っていって、こちらの土俵に引きずり込もうと、実際、わしは考えているんだけどね。

ただ、ネックはあったわな。この二十年間の軍備増強の部分だな。君らが言ってるとおり、これは、やはり看過《かんか》できないと思うよ。鳩山《はとやま》や菅《かん》などの認識は、すごく甘《あま》いと思うけど、わしは、危機をちゃんと感じている。だから、経済的な利益のところで、中国を引きずり込み、日本を目指すようにさせようとしたんだけど、彼らは、経済的に豊かになった面を、全部、軍事に傾斜《けいしゃ》配分して使ってきて、強国化し、覇権《はけん》を目指し始めた。そのあたりで、「しまった。判断に誤りがあったかな」ということを、今、いちおう反省はしとるんだ。

里村　なるほど。そうしますと、「中国を大きくし、それを日本のために利用しようとしたけれども、それが、意に反して、違《ちが》うかたちになった」ということですね。

小沢一郎守護霊　そう。まあ、アメリカは悪い国じゃないけど、やはり、占領軍《せんりょうぐん》だからね。だから、アメリカの影響《えいきょう》っていうか、そこから独立しなきゃいけないので、独立するための「浮力《ふりょく》」として、中国を使おうとしたのは事実だ。

つまり、中国が力を持つことで、アメリカと中国の両方を天秤《てんびん》にかけ、「日本は、どっちでも選べるんですよ」という立場に立つことによって自主性を持てば、アメリカからの独立も果たせるし、国として独立も果たせると考えてはおったんだ。

けれども、中国の帝国《ていこく》主義者たちが、少し度を越《こ》しそうな感じが見えたのでね。今年、GDPで、日本を完全に抜《ぬ》いてしまうようだったら、彼らの慢心《まんしん》は、かなりのものになってくるだろうけど、日本企業《きぎょう》が中国を儲《もう》けさせている面も、かなりあるわな。

里村　はい、そうですね。

小沢一郎守護霊　だから、このへんについては、やはり、そろそろ考え方を変えなきゃいけない。

北朝鮮《きたちょうせん》は中国との同盟を強化して延命を図《はか》ろうとしている

里村　そうしますと、これもまた、たいへん失礼な話なのですけれども……。

小沢一郎守護霊　失礼な話は、君、言っちゃいけないよ。

里村　いえ、いえ。私は信じていないのですが、昨日、金正日《キムジョンイル》総書記が、突然《とつぜん》、中国に行きましたが、その同じ日に、小沢前幹事長が、代表選の出馬を表明されたということで、一部には、これが偶然《ぐうぜん》であるのかどうかという……。

小沢一郎守護霊　君、君、それは君ねえ（笑）、私が、なんか、金正日と同盟でも結んでるような、ひどい言い方じゃないですか。

里村　背後に、何か中国絡《がら》みの力が働いているのではないかという見方もあるのですが、本当にそういうことはないのでしょうか。

というのも、たいへん失礼ながら、伊達政宗《だてまさむね》様のときに、スペインに慶長遣欧《けいちょうけんおう》使節団《しせつだん》を派遣して、スペインの力で徳川政権を転覆《てんぷく》させようとしたという、そういう大仕掛《おおじか》けが上手な方なので……。

小沢一郎守護霊　君、意外に勉強してるねえ。

里村　いえ、いえ、とんでもないです。

小沢一郎守護霊　うん、本当に驚《おどろ》いたよ（笑）。いやあ、意外に勉強してるなあ。

里村　ですから、今回も、もしかすると、また、そのような大仕掛けをして、「中国の力でもって日本の皇帝《こうてい》として君臨しよう」という考えがあるのではないかという危惧《きぐ》が、一部に出ています。私は信じておりませんが、その点はいかがでございましょうか。

小沢一郎守護霊　まあ、でも、金正日が、再度、中国にあれだけ接近しているのは、やはり、アメリカの攻撃《こうげき》を恐《おそ》れているからであるのは間違いないよ。

中国と、日米安保のようなものを、きっちり結んでおいて、「アメリカが北朝《きたちょう》鮮《せん》を攻撃すれば、中国との戦争になる」という図式さえ、はっきりと、明確につくっておけば、アメリカは手が出せない。

六カ国協議とか、あんなものが茶番であることは明らかだろ？　だから、中国を窓口にして交渉《こうしょう》するなんて、ばかげたことだ。中国は北朝鮮と同盟してるのに、北朝鮮の核《かく》兵器をなくすことなんか、本気でやるわけがないわな。

アメリカも、それを知ってはいるんだけど、まあ、時間稼《かせ》ぎをしてるんだよ。イラクとアフガンで戦いをやってるし、イランが、ちょっときな臭《くさ》いしね。アメリカは時間稼ぎをしていて、焦点《しょうてん》がまだ定まっていないんだろうと思うけどね。

だけど、北朝鮮には、韓国《かんこく》との戦いが起きる可能性はあると思うんだよ。これは通常レベルの戦争だけど、まあ、部分的には、年内にも起きる可能性はあると思うんだよな。それで、アメリカと韓国が軍事演習をしてるわけだから、やはり、そのときに北朝鮮を攻撃してくる可能性がある。だから、北朝鮮と中国との軍事・経済同盟を強化しておかないと危ないということだ。

また、金正日の健康上の不安もあって、次の代に政権移譲《いじょう》ができるかどうか、まだ危《あや》うい状態にある。政権移譲がうまくいかなければ、革命が起きて倒《たお》されてしまい、内部から壊《こわ》れるおそれもある。そこで、「中国との友好関係はやはり強い」というところを見せて、延命を図《はか》ろうとしているのは、明らかなことだわな。

日本に「踏《ふ》み絵《え》」が迫《せま》ってきている

今、中国は、覇権主義で、いろんなところで軍事演習をやり、「強いぞ、強いぞ」と言って見せているし、最近、「日本の沖縄《おきなわ》は、中国固有の領土だ」というようなことまで言い出したりしてるからねえ。

これは、もう、明らかに、アメリカへの宣戦布告だよ。これに、何にも言い返せないでいるんだろ？　日本の政府から、正式に、何か抗議《こうぎ》が行《い》ったかい？

里村　いいえ、行っておりません。

小沢一郎守護霊　行ってないだろ？　中国のほうからは、「沖縄は、中国固有の領土だ」と言われている。まあ、琉球《りゅうきゅう》っていってねえ、中国風の民族衣装で固めたら、中国みたいに見えるもんな。だから、昔は中国のものだったって言うんだろ？

でも、そんなことを言やあ、日本だって、「昔は、満州や遼東《リャオトン》半島、青島《チンタオ》など、幾《いく》つかは、日本領土だった」などと言っても、本当は構わないんだよ。あんなの、言いようはいくらでもあるんだ。

ちょっと、そのへんは、挑戦《ちょうせん》が来てるね。だから、日本が弱腰《よわごし》とみたら、揺《ゆ》さぶってくるだろう。本当に、あなたがたが恐れているとおり、中国に朝貢《ちょうこう》して、完全に属国になる方向で生き延びようとするかもしれない。

もし、アメリカのほうにつく場合は、戦争が起きたときに、「憲法九条死守」ということで、「アメリカは戦うが、日本は何もしない」というようなことで済むはずがないわね。

だから、国論を変えられるかどうか。これは、もう「踏《ふ》み絵《え》」だよね。「踏み絵」が迫《せま》ってきてると思うよ。

私は、いちおう、国連中心主義の集団的自衛権的なものでやるということを言ってるけど、まあ、常任理事国に中国が入ってるからねえ。これは、実際には、常任理事国同士の戦いには有効ではないよ。それは私も分かってる。分かってるけども、二大政党制をつくるためには、そういうふうに、ちょっとは違うことも言わなきゃいけないんでね。

里村　中国に対するお考えについては分かりました。

小沢一郎守護霊　うん、うん。

11　二大政党制の真の狙《ねら》い

「戦時独裁首相」をしようとしている

里村　先ほどから、二大政党制という言葉が何回か出ていて、それは憲法改正のためであるということですが、確かに、小沢前幹事長は、以前からそうおっしゃっていました。

小沢一郎守護霊　そうです。二大政党制は、君たちみたいな小党を潰《つぶ》すためのものだから、君たちが出られるはずがないんだよ。ハッハッハッハッハ。

里村　ただ、心配されることとして、二大政党制の本当の狙《ねら》いは、憲法改正というよりも、さらにその奥《おく》に、結局、「二大政党制のように見える独裁制」があるのではないかとも言われています。

小沢一郎守護霊　二大政党制で独裁制っていうのは難しいよ。それは、君、言葉を間違《まちが》ってるよ。

里村　そうでしょうか。

小沢一郎守護霊　大政翼賛会《たいせいよくさんかい》と言いなさい。

里村　ええ。まさに、その大政翼賛会です。

小沢一郎守護霊　そう、そう、そう。

里村　そこまでお伺《うかが》いしたら分かりました。今回の代表選出馬、さらに、今後の日本の政治において、小沢前幹事長が狙っているのは、実は……。

小沢一郎守護霊　はい、はい。まあ、君、もう分かったよ。君の言いたいことは分かった。誘導尋問《ゆうどうじんもん》したいんだろ？　もう、先に答えてやるよ。

里村　ええ。

小沢一郎守護霊　だから、戦時独裁首相をしようとしてるんだよ。それだけのことです。はい。

里村　まさに、大政翼賛会をつくらんとしていると。

小沢一郎守護霊　ああ、そうです、そうです。私でなきゃできないからね。私ならできるから。

里村　そうしますと、仮に、今回……。

小沢一郎守護霊　だから、金正日《キムジョンイル》みたいな立場に立てるわけよ、日本で。

里村　はあー。

小沢一郎守護霊　向こうは二千万人、こちらは一億三千万人。日本のほうが強いよなあ。

自衛隊は、日本の首相の指揮下にあるんだからさ。〝鳩《はと》〟じゃなんにもできないけどね。

里村　いやあ、もう、狙いがすっきりと……。

小沢一郎守護霊　分かる?

里村　はい。

小沢一郎守護霊　だから、自民党のタカ派も、全部、私の部下になるからね。

菅《かん》政権を潰《つぶ》したあと「政界大再編」を仕《し》掛《か》ける

里村　そうすると、例えば、「今回、代表選に勝とうが負けようが、いずれにしても解散総選挙に持っていき、そして、大連立を組む」という、そういうお考えはお持ちでしょうか。

小沢一郎守護霊　まあ、解散をどうするかは、ちょっとあれだけども……。うーん、少なくとも、百五十人引き抜《ぬ》かれたら、民主党は第一党として成り立たなくなってくるでしょうな。政権運営はもうできないから、菅《かん》は辞《や》めざるをえないわな。

私が分裂《ぶんれつ》を決めたあとで、若手の原口だの、そんなのを担《かつ》ぎ出したところで、もはや手遅《ておく》れだと思うんだよな。出すなら、今、出さなきゃ駄目《だめ》だよね。今、出すんだったら、まだ間に合うけども、菅はアホだから、自分が出て戦おうとしている。どうせ〝死ぬ〟んだよ。もう〝殺される〟のが分かってるのに、「二カ月か三カ月で辞めた首相なんて、あまり前例がないので恥《は》ずかしい」と言って、まだ一年ぐらいしたいんだろ？　少なくともねえ。

里村　一年生議員には、「三年は続ける」と言っているようです。

小沢一郎守護霊　そうそう。「三年はやりたい」って、餌《えさ》で釣《つ》ってるわけよ。「三年間、解散がないぞー。選挙がないぞー。給料が出るぞー、クビにならないぞー」って言って、まあ、釣ってるわけだ。

だけど、菅だったら、私は年内に潰《つぶ》せる自信がある。どんなかたちであろうと潰します。絶対、潰します。私は、代表選で勝とうが勝てまいが潰します。「そのあとは、ないよ」ということですね。

だから、そのあと、仕掛《しか》けをします。政界大再編を仕掛けますので、まあ、彼が、民主党最後の首相だね。

危機管理内閣で「防衛強化」と「経済成長」を目指す

里村　その戦時内閣というか、大政翼賛会的政治で……。

小沢一郎守護霊　大政翼賛会も、なんか、ちょっと意味が気になるなあ。ちょっと響《ひび》きが悪いなあ。危機管理内閣だな。

里村　危機管理内閣で結構でございます。救国内閣でも、危機管理内閣でも結構ですけれども、日本をどのような方向にもっていこうと考えておられるのですか。

小沢一郎守護霊　基本的には、もう、韓国《かんこく》や中国に、日本の自主的なことに対してあまり口を挟《はさ》ませないところまで持っていきたいと思う。そのもとは、基本的に、やはり自衛隊の自主的活動ができるようになるかどうかだと思うよ。

里村　防衛体制に対するお考えは分かりましたが、経済的なものについてはどのように考えておられますか。やはり、増税を考えていらっしゃるのでしょうか。

小沢一郎守護霊　いや、私は、君たちの議論のほうに乗る。だから、菅とか仙谷《せんごく》とか、ああいう考えのほうには乗らない。あれでは、やはり、この国が衰亡《すいぼう》すると見た。

里村　ただ、実際に、小沢前幹事長は、「二〇〇九年のマニフェストに戻《もど》す」ということをおっしゃっています。つまり、「子ども手当」を満額支給し、あるいは、「介護《かいご》手当」という新しいものまでつくって、バラマキをさらに徹底《てってい》していく方向で話をされているように見えます。

小沢一郎守護霊　うん。まあ、それはそれでやりますけどもね。老人の孤独死《こどくし》もいっぱい出てるから、必要なものについては、やらなきゃいけないと思う。それは信義だろうから、守らなきゃいけないけども、それ以外の財政出動は、やはりかけるつもりでいる。君たちの本を読んで、だいぶ勉強したのでね。

菅はばかだから、「日本もギリシャのようになるぞ」と、狼《おおかみ》少年みたいに言って回ったけど、私は、「違う」ということが、よく理解できたので、財政出動をかけ、君らが言う未来産業のほうで雇用《こよう》を創出して、経済成長を目指します。

里村　それは、まさに、先ほどからご自身でもおっしゃっているように、幸福実現党の政策のパクリであって……。

小沢一郎守護霊　ああ、だから、もう要《い》らないんだよ。幸福実現党は要らなくなる。だから、塚《つか》を建ててやるよ、〝立木《ついき》塚〟っていうのをな。

里村　はっきり言って、その大きな政党が一つあれば、そして、〝小沢皇帝《こうてい》〟が存在すれば、もうほかの政党は要らないということでしょうか。

小沢一郎守護霊　いやあ、〝小沢皇帝〟の上に、〝大川法王《ほうおう》〟がいるんだから、それでいいんじゃないか？　君らの理想の実現じゃないか。

里村　そうしますと、その〝大川法王〟の意見はきちんと聴《き》かれて、指導を受けるということですか。

小沢一郎守護霊　ああ、当然ですよ。

里村　そのお約束は守っていただけるのでしょうか。

小沢一郎守護霊　地獄《じごく》から助けてもらうためには、それ以外に方法はないだろうが。だから、まあ、生きてる間は聴くよ。うん。

12 「壊《こわ》し屋」と言われる本当の理由

過去世《かこぜ》から繰《く》り返している「親殺し」のカルマ

里村　もう一点お伺《うかが》いしたいのは、この二十年間、非常に、破壊《はかい》というか、「壊《こわ》し屋」と言われてきたわけですが……。

小沢一郎守護霊　破壊?

里村　はい。

小沢一郎守護霊　まあ、うーん。

里村　小沢前幹事長には、「日本の国を壊したい」という、そうしたエートス（持続的な特質、気風）のようなものがあるのではないかと、よく指摘《してき》されています。

このあたりは、例えば、司法試験に何度も落ちたというようなことが影響《えいきょう》しているのでしょうか。

小沢一郎守護霊　君、なんか嫌《いや》なことを言うなあ。

里村　いや、もう、これは……。

小沢一郎守護霊　君、もう、そんな「噂《うわさ》の真相」みたいに、昔のことを言うのは、やめようよ。君ら、そんなのと戦ったんだろう？　「フライデー」だとか、そういう、いやらしいのと。

里村　「噂の真相」は、もうなくなりましたので。

小沢一郎守護霊　潰れたか。

里村　はい。おかげさまで、潰れました。

小沢一郎守護霊　そういう下世話なやつと戦ったんだろう？　君たちは本当に清《せい》廉《れん》潔白だからなあ。

里村　小沢前幹事長は、「壊し屋」と言われますが、何を壊そうとしているのですか。

小沢一郎守護霊　何を壊そうとしてる？

里村　はい。

小沢一郎守護霊　うん、まあ、基本的に、俺《おれ》は「親殺し」なんだなあ。アジャセ時代から「親殺し」のカルマを持っているのでね。アジャセで親殺しをして、伊達政宗《だてまさむね》も親殺しをして、今回も、まあ、〝親殺し〟をしたよ。

〝親殺し〟っていうのは、まあ、実の親も早く死んだけどさ、それで俺が早く偉《えら》くなれたんだけども、まあ、政界の親に対して親殺しをした。田中角栄、金丸《かねまる》信《しん》、こうした、日本に功績のあった人を、やはり、最後は見捨てたと言うべきかな。護《まも》らずに、見捨てちゃったな。だから、まあ、親殺しをしたと思うよ。親殺しが、俺のカルマなんだよ。その親殺しのカルマを刈《か》り取るために、贖罪《しょくざい》のために、いろいろと試行錯誤《さくご》をしてるんだけどな。

だから、「苦しむのが、一種のカルマの刈り取りかなあ」とは思ってはおるがな。そういう意味で、ストレートな出世を願わないで、ちょっと、いろいろと修行を積んではいるわけだ。

里村　先般《せんぱん》、田中角栄先生が霊界から降りられた際、小沢一郎前幹事長のことを、「自分の息子《むすこ》のように思っていた」と語っておられました（『景気回復法』第2章参照）。

小沢一郎守護霊　いやあ、もう、そりゃあ……。

里村　師である田中角栄先生に対して、どのようなお気持ちを持っておられますか。

小沢一郎守護霊　まあ、角栄先生、金丸先生には、それはそれは恩義に感じているし、本当に供養したい気持ちでいっぱいだよ。恩返しが十分にできなかったし、最後は、裏切ったかもしれないと思うので、そのへんの恨《うら》みは残ってるとは思うがなあ。

まあ、政治家というのは、時の流れがあるんでね。だから、時の流れで、身を処さなきゃいかんところがあるので、まあ、ちょっと、あれだったけどな。

本当はさあ、金丸事件のときは、俺も逮捕《たいほ》されてもおかしくはなかったのさ。だけど、自民党を割って出たために、逮捕されないで済んだんだよな。まあ、それは分かる人には分かってるだろうけど、俺にも関係があるんだよ。

でも、自民党を割って出たので、その罪が消えたのさ。その部分では、マスコミ的には罪が消えたということだ。そのあと、ちょっと、いろんな事件というか、政党をいっぱいつくったりしてだなあ、合従連衡《がっしょうれんこう》して、いろんなことを舞台《ぶたい》で演じていくうちに、何だか訳が分からなくなったのさ。

そういうことで、責任を追及《ついきゅう》されないように、訳を分からなくして、ちょっと煙幕《えんまく》を張ったのが、この二十年だった。

里村　なるほど。

菅《かん》や仙谷《せんごく》と組んだのは「数を集める」ためだけ

小沢一郎守護霊　それで、二十年たって、もうそろそろ、みんな忘れたので、最後の政権取りに、もう一回、挑戦《ちょうせん》しようかなあというところだ。

里村　最後の大勝負に出たと。

小沢一郎守護霊　最後の政権取りかなあと思っている。

里村　やはり、菅《かん》さんや仙谷《せんごく》さんは嫌《きら》いですか。

小沢一郎守護霊　あれは、もう駄目《だめ》だ。

里村　何が嫌いですか。

小沢一郎守護霊　君ら、正しいよ。あれには、悪魔《あくま》の尻尾《しっぽ》が付いてるよ。もう明らかだ。わしもそう思ってるよ。

里村　それは、やはり、唯物論者《ゆいぶつろんしゃ》で、社会主義者であるからでしょうか。

小沢一郎守護霊　悪魔だよ、あれは。あんな全共闘なんか、叩《たた》き潰さなきゃ駄目だよ。あんなのは国家破壊者だ。国家破壊主義者が、国家の首相をしてどうすんだよ。やっぱりおかしいよ！

里村　それでは、どうして、今までそういう人たちと一緒《いっしょ》にやって来たのですか。

小沢一郎守護霊　え？　それは数を集めるためだけだよ。

里村　はあ。

小沢一郎守護霊　それだけだよ。

里村　数を集めるための道具として使ってきたと。

小沢一郎守護霊　だから、二大政党制という大義名分のもとに、ある程度、勢力を集めるために妥協《だきょう》してきたということさ。君、薩長《さっちょう》連合だよ、薩長連合。だから、いちばん嫌いなやつとでも組む。幕府を倒《たお》すためには、それはしょうがない。
そういう感じだよ。

「小沢一郎政治塾《じゅく》」での米英に関する発言の真意

里村　あなたはキーマンですので、もう一点、お考えを訊《き》いておきたいのですが、一昨日（八月二十五日）、「小沢一郎政治塾《じゅく》」で、久しぶりに小沢一郎前幹事長が講演されて、「アメリカ人は単細胞《たんさいぼう》なところがある」とか、「イギリスは民主主義が成熟しているけれども、イギリス人は悪いことをたくさんしているから好きではない」とか、米英に対する考え方を、はっきりと述べられました。
このあたりについては、守護霊《しゅごれい》様から見て、いかがなのでしょうか。

小沢一郎守護霊　フハハハハ。君、本当によく勉強してるなあ（笑）。

里村　いえ、いえ。

小沢一郎守護霊　もう参ったなあ。いやあ、参ったよ。これじゃあほとんどマスコミじゃないか。

里村　マスコミのつもりでございます（笑）。

小沢一郎守護霊　〝ミニコミ〟の分際で、マスコミのレベルのことを言うのは、ちょっと度が過ぎてるんだよ。

里村　ぜひ、真意をお聞かせください。

小沢一郎守護霊　まあ、それはなあ、一般に、政治家的には失言に当たる部分であろうなあ。今、与党《よとう》の職に何も就《つ》いてない、ただの平議員だからさあ、それで言っているんであって、職に就いてたら、ちょっと失言に当たる部分かもしれないね。

「アメリカ人が単細胞」っちゅうのは、彼らは、いつも「白か黒か」「敵か味方か」でしか考えないでしょ？　俺もそうなんだけどさ、本当は（笑）。だから、人のことは言えないんだけど、まあ、単細胞だよな。そういう考え方をする。

日本っていうのは、もうちょっと、白黒以外に灰色がある国で、どちらかと言うと、灰色の領域が大きい国だよな。そういう日本的なものを持ち出してくれば、向こうは単細胞だということになるわけだ。

まあ、イギリスにおける、労働党と保守党の政権交代というのは、必ずしもよくはなかったのかなあとは思っている。イギリスの衰退《すいたい》を見れば、こういう二大政党型は、あまりよくなかったのかなあと思ってはいるけれども、まあ、議会制民主主義の先進国ではあったことは確かだ。

対立点というのがはっきりしていて、ちゃんとした議論がなされたというところは素晴《すば》らしいと思う。日本だったら裏でゴソゴソやるようなことを、堂々と議論してやってきたところは、大したものだとは思っている。ただ、イギリスの二大政党制は、イギリスの発展には必ずしもつながらなかったわなあ。

だから、菅や仙谷のやり方を、そのままやると、イギリスの労働党みたいになる。保守党対労働党の政権交代みたいな感じで、もう、あっちに行ったり、こっちに来たり、国営化したり、民営化したり、また、国営化したり、民営化したりするような、そんな動きの政治になるよ。

それは、あまり望ましいことではないだろうとは思っている。だから、まあ、君らの主張を、ほとんど全面的に私は受け入れてるんだよ。私はもう君らに降参したんだよ。ああ、君らに降参した。

里村　分かりました。

13 「小沢一郎待望論」は本物か

今やるべきことは田中角栄的政策

里村　あと、もう一点、今回の出馬に至る過程に関して、改めてお伺《うかが》いします。今年発刊された、大川隆法総裁による「田中角栄の霊言《れいげん》」（前掲《ぜんけい》『景気回復法』）をきっかけに、今、日本で「田中角栄ブーム」が起きています。

小沢一郎守護霊　そうなんだ。この人が書くと、何でもみなブームになるんだよ。宇宙人だってブームになるし。

里村　それで、先ほどおっしゃった塩野七生《しおのななみ》さんの「小沢一郎待望論」なども出てきたのではないかと思います。

確かに、今の世論は、「政治とカネの問題」で、一般的《いっぱんてき》には小沢前幹事長に厳しいところもあるのですが、「『田中角栄ブーム』で一気に乗り出そう」ということで、それが今回の出馬の大きなきっかけになったのではないでしょうか。今、田中角栄的なものが求められているので、「自分がその代わりをやるのだ」というおつもりで出られたのではないかと思うのですが。

小沢一郎守護霊　うん、そうだよ。まあ、ある意味で、おっしゃるとおりだよ。角さんのなかに「悪なるもの」が存在したことは、みんな知っていたと思うよ。デモーニッシュなところっていうか、デーモン（悪魔《あくま》）みたいなところがあったと思うけど、それが一種の「魔力」と「魅力《みりょく》」になってね、国民的な人気になっていったところはあるよね。

「何かやってくれそうだ」というところかな。それと、彼は基本的にインフレ論者だからさ。今は、デフレでこれだけ苦しんでるんだろ？　だから、今やるべきことは、やはり田中角栄的政策だよな。間違《まちが》いないよ。

田中角栄的なことをやらなければ、今の日本のデフレ不況《ふきょう》は救えないと思うよ。民主党の横槍《よこやり》であんな日銀総裁を選んでしまったために、日本はますます貧乏神《びんぼうがみ》の世界へ入っていこうとしてるからね。

やはり、政治家としては、角栄的なものが、今、望まれてると思うよ。それをやるのは、角栄の〝嫡男《ちゃくなん》〟である私の仕事だと、実際、思っている。

今回の出馬は「時代の要請《ようせい》」だと考えている

里村　そうしますと、今回の出馬は、やはり時代的要請《ようせい》ということになりましょうか。

小沢一郎守護霊　時代の要請として、やはり、私に賭《か》けるしかないと思うね。

里村　それは、政治家・小沢一郎としての一つの完成でしょうか。

小沢一郎守護霊　〝立木《ついき》大先生〟が総理になるのは、さすがにちょっと……。まあ、二十二世紀ぐらいじゃないかと思うので、少し待っていただかないと無理のような気がするのでね。総理になれるのは、今、私のほうが近いからな。

里村　はい。でも、小沢前幹事長が起こす、ある意味での混乱のなかに、むしろ、立木党首のチャンスも生まれてくるのではないかと思っています。

小沢一郎守護霊　まあ、それは誰《だれ》も考えていないけどさ。そう言っちゃいけないのか。いや、ハハハハハハ。（立木党首に）頑張《がんば》りたまえ。自民も民主も潰《つぶ》れたら、それは、生き残ると思うよ。

「みんなの党」のブームは、もう次は、たぶんないからさ。あるいは頑張れるかもしれないな。ただ、まあ、ちょっとでも、十議席でも二十議席でもいいから取ってくれりゃあ、連立なんかも考えていいと思ってるからさ。俺《おれ》は信仰心《しんこうしん》があるからね。俺の政権なら連立は可能だからね。あちらは駄目《だめ》だよ。あの菅《かん》と、何だ、もう一人、徳島の狸《たぬき》おやじは。

里村　仙谷由人《せんごくよしと》。

小沢一郎守護霊　ああ、仙谷。あれは駄目だよ。あれは駄目だ。連立不能だからね。あれは、もう、亡国《ぼうこく》の戦士だからね。日本を滅《ほろ》ぼすために生まれてきた人たちで、日本解体論者だから。

わしは日本解体論者じゃないからね。だから、基本的に、君たちの主張を一通り読んで、「これでいい」と思っている。二十一世紀のビジョンは、だいたい見えてきた。

それをやるには、「力仕事」をする人が要《い》るだろうけども、君らのなかには、それだけの力のある人はいないようなので、まあ、わしが代わりにやってやるからさ。マスコミの批判を一手に引き受けて、弁慶《べんけい》みたいに、矢をいっぱい射られて、矢だらけになって立ってやるからさ。まあ、あとはよろしく頼《たの》むよ。わしがやってやるよ。

里村　ただ、守護霊様はそうおっしゃいますが、残念ながら、小沢前幹事長お一人でそれをするには、あまりにも国民的人気がなさすぎると思われます。

小沢一郎守護霊　だから、この『小沢一郎の本心に迫《せま》る』が、民主党の代表選の前に出るんだろ？　君、神仏《かみほとけ》のご加護と、お墨付《すみつ》きが付くっていうのは、これは大きいよな。広告も、見出しをよーく考えてくれ。わしが代わりに書こうか。

里村　今日はＰＲとして出てこられたということですね。

小沢一郎守護霊　出版のほうが下手だったら、わしが代わりにキャッチコピーを書くよ。「小沢待望論、神も仏も応援《おうえん》する」とか（会場笑）。

里村　まあ、よく考えさせていただきます。

小沢一郎守護霊　面白《おもしろ》いねえ。これは売れるかもねえ。

14　本人が幸福の科学に帰依《きえ》する可能性

今、地獄《じごく》に堕《お》ちたときの〝保険〟をかけている

里村　最後に、少し宗教的な観点から、お伺《うかが》いしたいのですが、守護霊《しゅごれい》様から見て、地上にいる小沢一郎前幹事長本人は、今、現実に、自分が死んだあとのことを、やはり心配されておられるのでしょうか。

小沢一郎守護霊　ちょっと心配している。やはり、これだけ「悪人だ」と言われて、攻撃《こうげき》を受けてるからな。「九十九パーセント地獄《じごく》だ」と言われて、そうかもしれないと思っているのは本当だ。

里村　なるほど。

小沢一郎守護霊　だけど、「残りの一パーセントは、幸福の科学に帰依《きえ》することだ」とか、なんか、そんなことを書いてなかったかなあ。

里村　はい、書いてありました（『龍馬降臨《りょうまこうりん》』〔大川隆法著、幸福の科学出版刊〕参照）。

小沢一郎守護霊　なんかあったよね。

里村　はい。

小沢一郎守護霊　だから、その一パーセントに賭《か》けて、今、ここに出てきてるんじゃないか。何を言ってるんだ。

ここは、保険なんだろ？　地獄に堕《お》ちた場合の保険が、幸福の科学なんじゃないのか？　そうだろ？

里村　そうしますと、かつて、アジャセ王がそうであったように、最後の最後に、地上におられる小沢一郎さん本人が仏陀《ぶっだ》に帰依する可能性はあるのでしょうか。

小沢一郎守護霊　今までに、民主党の党首や、重鎮《じゅうちん》の守護霊が出てきて、「大川隆法を信じる」と言った人がいるかい？　一人もいないだろう。みんな、言い訳か、言い逃《のが》れか、嘘《うそ》つきか、そんなのばかりじゃないか。な？　初めて出てきたんだ。

だから、最後の一パーセントの保険を、今、かけてるんだよ。「地獄に堕ちるかもね」とは思ってるけども、西郷《さいごう》さんだって引き上げてもらったらしいし、何人か引き上げてもらった人がいるらしいじゃないか。

まあ、ちょっとは堕ちてもしょうがないかなと思うが、そのあとで引き上げてほしいので、今、保険をかけてるのさ。俺《おれ》は、ちゃんと信仰心《しんこうしん》はあるんだよ。

神から「悪人を演じる役割」を与《あた》えられている？

里村　「本心から、正式に帰依した上で、政治改革に乗り出す」という可能性はないのでしょうか。
小沢一郎守護霊　いやあ、君ねえ、この三次元では、わしゃあ、「悪人を演じる役割」を与《あた》えられてるんだよ。これは神より与えられた使命なので、しかたがないんだよ。

残念だけど、大魔神《だいまじん》にしかなれないんだよ。僕《ぼく》は、鎌倉《かまくら》の観音《かんのん》さん、いや、観音さんじゃない、大仏さんにはなれない。大魔神しかできないんだ。暴れまくるのが仕事なのよ。

里村　それが神から与えられた役割かどうかは分かりませんが、そういうふうにしかできないのですか。

小沢一郎守護霊　神が与えた役割だと思うよ。うん。偉大《いだい》なる破壊者《はかいしゃ》にして建設者なんだよ。

里村　そうしますと、その破壊のあとで創造をするのは、やはり、幸福実現党の役割だと思います。

小沢一郎守護霊　いや、ない。それはないかもしれない。まあ、かすかに、どこかで生きる道はあるかもしれないけど、君たちの〝遺書〟は受け取った。もう、幸福実現党の〝遺書〟は読んだよ、ちゃんとな。

君らの〝遺書〟を読んで、われわれが、それを実現しようとしてるわけだからな。君たちの考えを受け継《つ》いでやってくれるところはほかにもあるので、まあ、適当なところで陣払《じんばら》いして、もう、お寺に帰ったほうがいいよ。

里村　いいえ、幸福実現党のほうは、おそらく、小沢前幹事長の骨を拾わせていただく仕事をするだろうと思っております。

小沢一郎守護霊　骨を拾うって言うけど、両方とも、焼き場で会うんじゃねえか（会場笑）。なんか、そんな感じがするんだよな。「同時に葬式《そうしき》か」っちゅうような感じになるかもしらんがなあ。

15　政界再編の見通しについて

代表選に向けて、繰《く》り返し宣伝しておきたいこと

里村　今日、いろいろとお話を伺《うかが》ってまいりましたが、結局、しばらくの間は、日本の政治の手綱《たづな》を他人に渡《わた》すつもりはないということですか。

小沢一郎守護霊　まあ、そうだな。

ただ、確認しておくよ。宣伝は、繰《く》り返さないと人の頭のなかに入らないから、繰り返し言っておく。

わしには信仰心《しんこうしん》がある。宣伝その一。

里村　宣伝でございますね。

小沢一郎守護霊　宣伝その二。幸福実現党および幸福の科学の政治的主張については、十分に理解した。それを実現する方向で、国を方向づける。これが、第二点目の宣伝。

第三点目の宣伝。あなたがたの警告により、「中国や北朝鮮《きたちょうせん》等の植民地になるような事態が来る」ということは、私は受け入れられないので、そのために戦う準備はします。

国を防衛する姿勢について、準備はします。それをやるのは、悪役でなきゃ無理でしょう。今のマスコミ世論《せろん》のなかでそれをやることは、普通《ふつう》の人ではちょっと無理だと思います。安倍《あべ》もやろうとしたけど、安倍みたいな善人面《づら》では、結局はできなかったので、やはり悪人がやるしかないでしょう。そういう大悪人として、私がそれをやって死にます。それについては、お誓《ちか》い申し上げます。そのためには、民主党のなかの左翼陣営《さよくじんえい》のところは、一定の〝処刑《しょけい》〟をしなきゃいけないので、フランス革命風に、ちょっと〝ギロチン〟をかけさせてもらいますが、「その罪については、神仏《かみほとけ》よ、許したまえ」ということで、そのお願いをちょっとしておかないといけないかなと思います。

それと、政界再編も含《ふく》めて、揺《ゆ》さぶりをかけます。わしが、代表選でズバリ代表になるようだったら、まあ、あと、公明党でも、みんなの党でも、ほかの勢力を取り込《こ》めば、まだ民主党で政権運営はやれなくはないけどもね。

里村　それで、衆参の「ねじれ」を解消していくわけですね。

小沢一郎守護霊　うん、うん。ただ、これでは憲法改正にはもっていけない。左翼勢力が多すぎて、たぶん、もっていけないと思うので、いずれは、やはり保守勢力との連立をやらなくてはいけないと思う。

やはり、維新《いしん》の薩長《さっちょう》同盟みたいな感じかな。龍馬《りょうま》が仲介《ちゅうかい》して薩長が同盟したような感じの回天の偉業《いぎょう》、あっと驚《おどろ》くような転回をして、一気に国を引っ繰り返さないといけないなとは思っている。

その機を狙《ねら》っているところだ。

里村　それは、宣伝としておっしゃったということですね。

小沢一郎守護霊　宣伝ね。宣伝。守護霊による応援《おうえん》だよ。

里村　そうしますと、今日は、民主党解体論と、政界再編に向けてのお話というように理解してよろしいでしょうか。

小沢一郎守護霊　まあ、宣伝だね。あんたがたのところに営業に来たのよ。宣伝に来たのであって、幸福実現党の応援に来たのではない。残念だったな。

里村　いえいえ。

小沢一郎守護霊　お互《たが》い、骨を拾い合う仲だからさ、ま、仲良くやろうじゃないか。

里村　いろいろと、本音の部分をお聴《き》かせいただきました。さらにまた、宣伝と称《しょう》しておっしゃったところで、いろいろと本心が分かりました。

年内に菅《かん》政権はなくなる

小沢一郎守護霊　でも、菅《かん》は倒《たお》す。代表選で彼が勝っても、菅は倒します。絶対、辞《や》めさせますから。左翼路線は亡国《ぼうこく》への道だと判断しましたし、あなたがたの政策は基本的に正しいので、こちらのほうに持っていきます。

里村　確認します。代表選の結果いかんにかかわらずということですね。

小沢一郎守護霊　ええ。もう、勝とうが負けようが、実力では私のほうが上だから、そんなもん、投票なんかやったって無駄《むだ》だよ。どうせ、党内では私のほうが強いんですから、それはもう、代表選で勝とうが負けようが、最後は、私が勝つんです。

だから、投票はセレモニーですから、菅が勝ったって、追い出したらいいんでしょ？　それで終わりです。辞めさせますよ。自主的に辞めさせるか、何か手を打ちますので、どうせ、年内に菅政権はなくなります。

マスコミが、「菅がかわいそうだ」みたいな感じで、一時的な応援をするような場合、要するに、菅がマゾっ気を出して、「私は小沢さんにいじめられて、こんなに悲しいの。負けそうなの。怖《こわ》いの。助けて」みたいなことをうまく演じて、国民のにわか応援を取ったりすると、向こうが勝つようなこともないわけではないけれども、しかし、もう、〝暗殺部隊〟を送り込んででも倒します。ええ。

これは斬《き》らなきゃいけないね。〝新撰組《しんせんぐみ》〟を送り込んで斬ります。駄目です。この国難の元凶たちは許さない。

だから、まあ、幸福実現党の冥福《めいふく》を祈《いの》る（笑）。

里村　冥福でなくて、今後の活躍《かつやく》を祈っていただきたいと思います。

小沢一郎守護霊　いや、冥福だよ。冥福を祈りつつ、君たちの希望は、僕《ぼく》が叶《かな》えるから、私の活躍を期待したまえ。

里村　ちょっと、「冥福を祈る」のは逆だと思うのですけれども（笑）。

小沢一郎守護霊　そうかなあ。

里村　本日は、忌憚《きたん》のないご意見をお話しいただきまして、まことにありがとうございました。

わしは「仏の救済力」を待っている

小沢一郎守護霊　君は、わしの悪事を、なんか、わしの劣等感《れっとうかん》から来てるように言うけど、そんなんじゃなくて、長い長い「親殺し」のカルマがあるんだ。まだ、その罪滅《つみほろ》ぼしができずに困っていて、「仏の救済力」を待っておるのだよ。

だから、何か貢献《こうけん》したいとは思っておるからさ、幸福実現党は死ぬかもしらんけれども、君らの魂《たましい》は生きるように努力するよ。うん。

里村　いいえ、幸福実現党も、野垂れ死ぬことなく頑張《がんば》ってまいります。今日は本当に……。

小沢一郎守護霊　ただ、わしが政権を取った場合は、幸福の科学と幸福実現党の弾圧《だんあつ》はしない。これは約束する。

里村　はい。

小沢一郎守護霊　これについては約束する。連立も、幸福実現党が「したい」と言えば受ける。「民主党と連立してもいい」と言ってくれれば、連立は受ける。しかし、やつら（菅や仙谷《せんごく》）は受けない。これだけははっきりしてる。だから、徳島の狸《たぬき》おやじは落選させても構わないけども、岩手でわしを落選させようという運動は、やめていただきたい。あの幹事長は、ちょっと気になる（会場笑）。

里村　それは、幹事長と相談させていただきます。

小沢一郎守護霊　君は立候補しなくてもいいから。

里村　はい、分かりました。

小沢一郎守護霊　本の宣伝のキャッチコピーは、わしが添削《てんさく》してもいいかな（会場笑）。どんなキャッチを打つか、ちょっと気になるんだけどなあ。

里村　どうぞ出版のほうにお任せください。

小沢一郎守護霊　「小沢一郎の醜《みにく》い本心が、ここに明らかになる」とか。

里村　そんなことはございません。

小沢一郎守護霊　それだと売れるかもしらんが、わしは困るんだ。

里村　たいへん美しい理念、決意を語っていただきましたので……。

小沢一郎守護霊　君らのキャッチコピーによって、代表選の直前二、三日のマスコミの論調が変わる可能性が極《きわ》めて高いので、代表選の結果に甚大《じんだい》な影響《えいきょう》が出る。出版の代表は、いったいどこにいるんだ（会場笑）。出版の代表を呼ばないと駄目じゃないか。その書き方によって票数が動くので、ちょっと手を握《にぎ》っておかないといけない。

わしは、平和裡《へいわり》に党首になりたい気持ちは持ってるよ。そうでなければ、〝暗殺〟しなきゃいけないから、やはり、ちょっと手を汚《よご》すよな。どっちみち倒すけども、「できたら、民主主義的手法で、平和裡に、正しい方向へと国を導きたい」と、きれいな言葉で、今日の話をしめくくりたい。

里村　分かりました。本日は、本当にありがとうございました。

16　小沢一郎守護霊、大いにほえる

小沢一郎守護霊　いいかい？　いいかな？　うん。君、大マスコミになる可能性があるよ。〝ミニコミ誌〟の編集長では、人材として、もったいない。君だったら、朝日新聞の社長に私は任命したいね（会場笑）。会社が、もう、ガラッと変わるんじゃないかなあ。

里村　「ザ・リバティ」で十分《じゅうぶん》でございます。

小沢一郎守護霊　いやあ、朝日新聞は赤字で苦しんでいて、倒産《とうさん》寸前だからね。

だから、民主党に税金を投入してもらおうと、今、狙《ねら》っていて、あんな左翼《さよく》のほうにちょっとすり寄って、こびを売ってるわけだからさ、君みたいなのを社長に送り込《こ》んで立て直すのが、やはりいいな。

ＪＡＬの立て直しみたいなもんだよな。君が社長になったら、朝日はコロッと変わって産経新聞に変わってしまうだろう。ああ、いいんじゃないか。

里村　Ｍ＆Ａを目指して頑張《がんば》ります。

小沢一郎守護霊　そうだねえ。そのくらいの勢いでないと、君、いけないよなあ。こんなことを言うと、広告が載《の》らなくなるかな？　気をつけないといけないな（会場笑）。

里村　今日はどうもありがとうございました。

小沢一郎守護霊　うん、うん。はい、じゃあ、なんだかさみしいけど、これでいいのかな？　なんか物足りないな（会場笑）。なんか、もう一言、なんか言ってくれ。

里村　もう十分に伺《うかが》いました。

小沢一郎守護霊　ちょっと、わしはなんか物足りないんだけど、君の心証はどうなんだ、裁判官として。心証は黒かね？

里村　いえいえ。

小沢一郎守護霊　灰色？　何？

里村　とんでもないです。執行猶予《しっこうゆうよ》でもなんでもございませんし（苦笑）。はい。

小沢一郎守護霊　検察審査会《しんさかい》のことについては訊《き》かなかったね。君、訊くべきだったのに訊かなかった。

あれ、総裁に訊けよ。訊けよ（会場笑）。訊け！　訊け！　宗教の意見をやはり言わなきゃいけないから、あれが正しいのか正しくないのか、宗教家の意見が絶対必要だ。

あれ、訊け！　訊け！　訊かなきゃ駄目《だめ》だ（会場笑）。言え！　はい、はい、はい、訊け！　訊け！

里村　今日は小沢前幹事長の守護霊様のお話を聴《き》く立場でございますので。

小沢一郎守護霊　駄目、駄目。訊かなきゃ駄目だ、あんな人民裁判を許していいのかどうか、ちゃんと訊け！

里村　仏陀《ぶっだ》の救いを求めているということは、よく分かりました。

小沢一郎守護霊　首相になろうとするような人に対して、あんな十人ぐらいの人民裁判で審議して決めていいのか、訊け！　君。それが正しいかどうか、ちゃんと訊いてくれ。「ソクラテスを死刑《しけい》にしたのと同じと違《ちが》うか」って、ちゃんと訊いてくれないか。

里村　まあ、民主主義の限界でございますから。はい。

小沢一郎守護霊　君ね、あんなの推定無罪だからね。いいかい？　最高裁で決着するまでに、どうせわしは死んでるから、そんなもの意味ないからね。

里村　そうでございますか。

小沢一郎守護霊　いいか？　だから、あんなもので、「代表選に出るべきじゃない」とか、「首相になるべきじゃない」とかいう意見は、粉砕《ふんさい》してくれ。な？　それは「ザ・リバティ」の使命だ。天から授かった聖なる使命だ。「ザ・リバティ」の論調はそうでなきゃいけない。九月末号は、そうでなきゃいかんからな。

いいかい？　編集長、ちゃんと使命を承《うけたまわ》ったか。

里村　はい、分かりました。

小沢一郎守護霊　うん、よろしい。それでよろしい。

里村　本日は、ありがとうございました。

小沢一郎守護霊　「田中角栄の再来、小沢一郎、大いにほえる」、こういう見出しだ。

里村　ありがとうございました。

小沢一郎守護霊　ああ、いいかい？　うん、よろしくな。はい、はい。

17　一石を投じて、今後どうなるかを見てみたい

大川隆法　こういう感じでした。よろしいですかね。でも、面白《おもしろ》いかもしれませんね。まあ、本人もびっくりするぐらい、よくしゃべっていました。

何か言い足りないことはないですか。大丈夫《だいじょうぶ》？

立木　はい、大丈夫です。

大川隆法　大丈夫？「リンカンとの対話」の予定を潰《つぶ》してまでやったのだから、少しはヒットしないといけませんね。でも、珍《めずら》しいことも少し言っていたので、

週刊誌に、「小沢一郎と幸福の科学の密約」などという記事が載《の》るかもしれないですね（笑）。

立木　ええ（笑）。

大川隆法　うれしいかうれしくないかは、ちょっと分からないけれども、一議席で民主党と連立しますか（笑）。でも、当会の主張を受け入れると言っていること自体は評価します。それについては、よいのではないでしょうかね。

それと、「救い」を求めているらしいことは分かりました。人生の最後に、何かいいことをして死にたいらしいという気持ちだけは伝わってきました。

ただ、そのやり方が、よいことのように見えるかどうかは分からないところがあります。でも、やるべきことは分かったようではあるので、それはよいことですね。

当会が彼を応援《おうえん》するかどうかは、何とも言えないところですが、注目して、見させていただきましょうか。

小沢一郎を攻撃《こうげき》すべきポイントのところを、当会があまり追及《ついきゅう》していないのは確かです。それと、菅《かん》や仙谷《せんごく》への攻め方の厳しさとを比べて、そのあたりの温度差を感じ取っているのだろうと推定されます。そんなところでしょうか。

信仰心《しんこうしん》を売り物にしてきましたね（笑）。ある意味では面白いですね。本を出して一石を投じてみて、どうなるかを見てみましょうか。

それでは、以上です。

あとがき

過去世《かこぜ》に仏陀《ぶっだ》に帰依《きえ》したマガダ国のアジャセ王、そして、戦国の日本に、一歩遅れて天下を取りそこねた風雲児《ふううんじ》として転生《てんしょう》し、伊達政宗《だてまさむね》という名の戦国武将として勇名《ゆうめい》を馳《は》せた男。それが今世《こんぜ》、小沢一郎として生まれて、政治家として人生最後の賭《か》けに出ている。

民主党の、鳩山由紀夫、菅直人両首相、仙谷由人官房長官の守護霊インタヴューも決行したので、小沢一郎氏の守護霊、すなわち潜在意識《せんざいいしき》の本音《ほんね》も明らかにしておいた方がよいだろう。

内容からみて、「悪の要素」を重くみるか、それとも、剛腕《ごうわん》神話の本質を感じとるかは、読者諸氏に委《ゆだ》ねたい。

二〇一〇年　八月二十七日

幸福実現党創立者兼党名誉総裁《こうふくじつげんとうそうりつしゃけんとうめいよそうさい》　大川隆法《おおかわりゅうほう》

『小沢一郎の本心に迫る』大川隆法著作関連書籍

『国家社会主義とは何か』（幸福の科学出版刊）
『民主党亡国論』（同右）
『景気回復法』（同右）
『龍馬降臨』（同右）
『金正日守護霊の霊言』（同右）
『悟りに到る道』（同右）
『死んでから困らない生き方』（同右）

小沢《おざわ》一郎《いちろう》の本心《ほんしん》に迫《せま》る ―守護霊リーディング―

2010年9月8日　初版第1刷

著　者　大《おお》川《かわ》隆《りゅう》法《ほう》

発　行　幸福実現党
〒104-0061 東京都中央区銀座2丁目2番19号
TEL(03)3535-3777

発　売　幸福の科学出版株式会社
〒142-0041 東京都品川区戸越1丁目6番7号
TEL(03)6384-3777
http://www.irhpress.co.jp/

印刷・製本　株式会社 堀内印刷所

落丁・乱丁本はおとりかえいたします

ISBN978-4-86395-073-3 C0030
Photo: ロイター／アフロ

大川隆法 最新刊・霊言シリーズ

ザ・ネクスト・フロンティア

公開霊言 ドラッカー＆アダム・スミス

ドラッカーとアダム・スミスが、日本の自由を護るために再び降臨！ 経済素人の政権によって、この国を増税の底なし沼に沈めてはならない。

1,400円

未来産業のつくり方

公開霊言 豊田佐吉・盛田昭夫

夢の未来を、創りだせ——。日本経済発展を牽引したトヨタとソニーの創業者が、不況にあえぐ日本経済界を叱咤激励。

1,400円

救国の秘策

公開霊言 高杉晋作・田中角栄

明治維新前夜の戦略家・高杉晋作と、戦後日本の政治家・田中角栄。「天才」と呼ばれた二人が日本再浮上の政策・秘策を授ける。

1,400円

※表示価格は本体価格(税別)です。

大川隆法ベストセラーズ・霊言シリーズ

菅直人の原点を探る

公開霊言 市川房枝・高杉晋作

菅首相の尊敬する政治家、市川房枝と高杉晋作を招霊し、現政権の本質を判定する。「国難パート2」の正体が明らかにされる。

1,200円

国家社会主義とは何か

公開霊言 ヒトラー・菅直人守護霊・胡錦濤守護霊・仙谷由人守護霊

民主党政権は、日米同盟を破棄し、日中同盟を目指す!? 菅直人首相と仙谷由人官房長官がひた隠す本音とは。

1,500円

民主党亡国論

金丸信・大久保利通・チャーチルの霊言

三人の大物政治家の霊が、現・与党を厳しく批判する。危機意識の不足する、マスコミや国民に目覚めを与える一書。

1,200円

※表示価格は本体価格(税別)です。

大川隆法ベストセラーズ・新しい国づくりのために

未来への国家戦略

この国に自由と繁栄を

国家経営を知らない市民運動家・菅直人氏の限界を鋭く指摘する。民主党政権による国家社会主義化を押しとどめ、自由からの繁栄の道を切り拓く。

1,400円

大川隆法　政治提言集

日本を自由の大国へ

現在の国難とその対処法は、すでに説いている──。2008年以降の政治提言を分かりやすくまとめた書。社会主義化する日本を救う幸福実現党・政策の真髄が、ここに。

1,000円

危機に立つ日本

国難打破から未来創造へ

2009年の「政権交代」が及ぼす国難の正体と、民主党政権の根本にある思想的な誤りを克明に描き出す。未来のための警鐘を鳴らし、希望への道筋を掲げた一書。

1,400円

幸福の科学出版株式会社

※表示価格は本体価格(税別)です。